声優という生き方

中尾隆聖

イースト新書Q
Q058

はじめに

このシリーズは「仕事と生き方」と銘打ってありますが、じつのところ私は声優を含む役者をこれまで続けてきて、仕事という感覚をもったことがありません。もちろん、仕事なのですが、要するに「生活のため」「食べていくため」という目的でやってこなかったということです。昔は「役者は食えなくて当たり前」というのがある種「常識」のようなものでしたし、お金を稼ぎたかったらほかにいくらでも職業はあります。役者だけで生活ができるようになってからも、稼ぎに関することへの意識が低く、いまでも周囲から注意されるようなこともあります。ずっとそうだったものですから、むしろ役者というのは私にとっては職業ではなく、それこそ「生き方」のようなものかもしれません。

詳しくは後述しますが、おおよそ60年前、私は小学校に入る前から児童劇団に所属していて、ラジオドラマ『フクちゃん』に出演していました。その頃、洋画の吹き替えで第一次声優ブームがあり、20代の売れない時代に『宇宙戦艦ヤマト』からはじまる第二次声優ブームがありました。役者の仕事の一部だった声優が職業として大きくなり、いまでは声優を志す人たちは大勢います。

私は事務所で声優養成所の講師もやっていますが、いまの若い人たちは「仕事にしよう」「これで食べられるようになろう」というしっかりとした意識をもっています。業界が歴史を積み重ねるなかで、「食べられる」ようになったのも大きな要因だと思います。

しかし、それでも仕事が無限にあるわけではありません。私を含め、仕事のほとんどはオーディションを通過してはじめて携われるものです。待っていても仕事は来ない。大きな声優事務所に入ったからといってオーディションに受かる約束もありませんし、いまの志望者の数から考えると、結局のところ長く続けていくことのできる人はほんの一握りといっていいでしょう。そういう意味ではいまも昔も生き抜いていく厳しさは変わらないわけです。

人生に正解がないように、役者の仕事もどういう道のりを歩むのが正解ということは言えません。ですから私に伝えられるのは私が役者としてどう生きてきたか、どのように考えてきたか、ということだと思っています。

声優という生き方●目次

はじめに 3

1章 声優の現場

声優という仕事 10
アニメ業界の収録日 14
オーディションが基本 18
「ウェイト」が大切 22
事務所に所属するには 26
キャスティングボートを握るのは 30
アフレコの現場 33

マイクワークという連携　37
ギャラと待遇　41
現場には直行直帰　46
声優の立ち位置　50
「フグの毒」と「役者の看板」　54

2章　役者として I

5歳でデビュー　60
仕事ばかりしていた小・中学生時代　63
声の仕事はやりたくない　67
役者は生活するための職業ではない　71
新宿二丁目に店を開く　74
芝居のチケットが売れるはずがない　82
フォー・イン・ワン結成　87

あんた、なにがやりたいの？　89
81プロデュース　94

3章　声の演技

人に教えるなんてまっぴら　102
教えることで自分の芝居がわかる　106
うまくやろうとするな　110
「ふつう」を見つける技術　113
「役づくり＝声をつくる」という誤解　118
いい声じゃなきゃダメ？　121
演出を見よ　126
演技は「呼吸」で決まる　135

4章 役者としてⅡ

食えるようになる 142
ラジオが面白かった 148
歌手・中尾隆聖 152
ばいきんまん登場 156
復活のフリーザ 161
キャラクターが育っていく 165
洋画の吹き替え 168
ドラマティック・カンパニー 173
なぜ芝居をやるのか 176
最後のワンピース 180
声優はいつ引退するのか 185

おわりに 189

1章
声優の現場

声優という仕事

古い話になりますが、「声のみで演じる仕事」という言い方をすれば、いまでもありますが、ラジオドラマというものが戦前からありました。「声優」という言葉もかなり古くからあったようです。

その後、「テレビ」が普及していきましたが、民放各局が開局され、チャンネルも増え、放送時間が拡大する一方で、番組そのものが不足する状態になりました。それを解消するために取り入れられたのが、海外ドラマや洋画のテレビ放送です。

私が幼い頃、ちょうどテレビの海外ドラマが各局でたくさん放送されていて、夢中になって観ていました。

『バークにまかせろ』の主役は若山弦蔵さん、『刑事コジャック』のテリー・サバラスだったら森山周一郎さん。アラン・ドロンの吹き替えといえば野沢那智さん……声と俳優セットで、かっこいいなあ、と憧れていました。それがのちに「第一次声優ブーム」といわれた時代です。

しかし、外国映画、海外ドラマの吹き替え放送のために「声で芝居する」仕事が多くなっていきましたが、演じていたのは新劇などの舞台俳優さんが多かった。いわゆる「声優」という仕事を専業でしている人はこの時代にはほとんどいませんでした。スター声優と呼ばれる人はこの当時からいましたが、ほとんどが「役者」としての活動の一部だったのです。

ですから、いま50代以上のベテラン声優さんは、声優を目指してきたというより、役者として生きていくなかで声優にたどり着いたという感覚の人が多いのではないでしょうか。私もそのひとりということになります。

私は3歳で児童劇団に入ったのを皮切りに、テレビのドラマや子ども向け番組にも出演していましたし、声の仕事ではラジオドラマ、アニメ、洋画など数々の現場で演じながら現在に至っています。

じつを言うと、若い頃は「声の仕事はやりたくない」と思っていて、実際、そのことでひどく葛藤していたくらいです。もちろん、いまの私は声優ですし、この仕事が大好きで誇りをもってやっています。

ただ、いまの若い人たちにはもしかすると想像もつかないかもしれませんが、声優ブームが起きたとはいえ、声優というものは人気職業ではありませんでした。いえ、ひとつの職業という見られ方さえされていなかったのです。あまりいい言葉じゃないですけど、声の仕事というのは役者にとっての「アルバイト」というように捉えられていました。

「声優なんて」

誰かがあからさまにそう言っていたわけではありませんでしたが、確実にそういう雰囲気がありました。

しかし、これは時代の性質とでもいいましょうか、もともとテレビが出はじめの頃は、

「テレビなんて」

という感じだったのです。スタニスラフスキー理論だとかの演劇書を読むと、「テレビなんてものに出たら、芝居がダメになる。舞台俳優だけがほんとの役者だ」とされていた。テレビが出てきた当初、海のものとも山のものともわからない、あんなチャラチャラしたもので、カメラに向かって芝居するなんてけしからん、と。一方で、既存の現場は未知のものに対してある種の恐怖を感じていたのではないかと思います。映画会社が「五社協定」というものをつくって一時期スター俳優を囲い込んだ（テレビに劇場映画を提供しない、専属俳優をテレビ出演させないなど）のもそのあらわれではないかとも思うのです。お客

さんをとられてしまうのではないか、われわれの業界がだめになってしまうのではないか、という焦りのようなものです。

それと同じように新しいものが生まれるたび、「声優なんて」「アニメなんて」という言われ方が一部で起こる。そういうことが何度か繰り返されてきて、いまでは当たり前のことになっています。

演じる、表現するという世界が、歌なら歌、映画なら映画、芝居なら芝居と、見えない境界のようなものが昔はありましたが、いまやすっかりボーダーレスです。

だからいまは、「声優は声優である」という哲学をもっていても「声優は役者の一部でしかない」と唱えたとしても、それぞれの考え方、捉え方であろうと思っています。

私は演じるということがともかく好きで、声優としての活動もさることながら、生のお客さんを前にした舞台も好きで、「ドラマティック・カンパニー」という劇団を主宰して、毎年公演を行っています。声優の仕事だってアニメ作品、洋画吹き替え、ラジオドラマ、テレビやCMのナレーションなど様々ですし、それぞれに違いがあって、それぞれの面白さがあります。

いまはアニメ声優に憧れて、そこを目指して大勢の人がやってきますが、入り口はどうであれ、演じることの難しさ、楽しさは役者としての共通の魅力でしょう。

若山弦蔵（わかやま・げんぞう）……吹き替え草創期から活躍。『モーガン警部』、『バークにまかせろ』、『スパイ大作戦』などの作品で立て続けに主演をつとめる。独特の甘い低音で人気を博す。

森山周一郎（もりやま・しゅういちろう）……吹き替え草創期から活躍。ジャン・ギャバン、リノ・ヴァンチュラ、テリー・サバラスなど多数の俳優を担当。アニメでは『紅の豚』（ポルコ・ロッソ）など。

野沢那智（のざわ・なち）……アラン・ドロンの吹き替えが代表的。深夜ラジオ番組「パック・イン・ミュージック」では15年もの間パーソナリティーを務めた。1963年に劇団薔薇座を設立。アニメ作品では『スペースコブラ』（コブラ）など。

アニメ業界の収録日

レギュラー放送されるアニメ番組はいまも昔も収録日が決まっていて、キャストが一堂に集まって、アフレコが行われます。

現在のかたちがいつの頃から定まったかはわかりませんが、基本的に週に1回、2時間半～3時間で1話ぶんを収録します。しかも、月曜日から金曜日（場合によっては土曜日も）、午前は10時から、午後は16時からというのもだいたい決まっています（例外もあります）。つまり、月曜日から金曜日までですと、1日2回ですから10コマの収録があるということになります。『それいけ！アンパンマン』も放送から30年以上になりますが、毎週同じ曜日の同じ時間で、ずっと変わりません。

アンパンマン同様、ばいきんまんが出ないということはありませんから、私は同じ収録時間の別作品には出演することができない、ということになります。

アニメ業界では、どんなに人気声優であっても、ひとりのためにスケジュールを変更することはありません。都合が合わなければ別の人がキャスティングされます。それくらい「まず収録日ありき」な部分があります。

さて、アニメレギュラー以外の、洋画の吹き替え、CMナレーション、ゲーム、そのほか単発のお仕事はあいている日に行われますが、アニメがメインの声優であれば、逆に土日にはキャスティングしやすいということになります。

基本的にといいましたが、イレギュラーなことはもちろんあります。テレビのレギュラー番組ではほぼありませんが、洋画吹き替えやゲームなどでは「抜く」ということはあります。いわゆるそのキャストだけ別録りすることです。これにはいくつかのパターンがあります。

まずひとつ目に、声を当てるのが声優ではない場合。

最近、芸人やタレントさんが劇場映画の声を担当することが多くなってきていますが、彼らは声優とはルールが違って、どうしてもスケジュールが合わなければ別録りということになります。そして、それとは別に理由がもうひとつ。ふつう録音スタジオにはマイクが3〜4本立っていて、10人くらいの演者が出番が来たらマイクの前にかわるがわる交代で立ちます。この「マイクワーク」というのが、声優以外では難しく、かえって一緒にできない理由でもあります。

また、その声優さんの「持ち役」で、どうしてもスケジュールが合わないときにも「抜く」ことがあります。実際に別録りしているかは別として、ジャッキー・チェンの吹き替えをしている石丸博也さん、アーノルド・シュワルツェネッガーを当てている玄田哲章さんなどは、観ている人からしても違う人がやると違和感がある、というくらいに役者と声がイコールになっている組み合わせがあります。

また、ゲームが人気になってアニメ化される場合も変えづらいということがあります。

そもそもゲームは制作期間がとても長く、最近は収録も1日で終わらないこともあります。アニメやドラマのように「放送時間」みたいな概念がありませんので、あらゆるパターンの必要なボイスをぜんぶ録りますから、台本もとても分厚い。

いまのゲームは以前と違ってボイスが結構入るようになりました。タイトルによってはフルボイスなんていうのもあります。また、ゲームならではということでは、ストーリーに沿った演技とは別に、戦闘シーンでの「くらえっ」とか「ぎゃーっ」といったセリフでしょう。1行、一言のことをワードとかラインとか言いますが、それが300とか1500とかともかく多い。

収録が終わってからずいぶん経って発売ということもありますし、それが人気が出てテレビアニメとしてレギュラー化されるとなれば、4年も5年も経っているという場合もありますから、それを見越してキャスティングするなんてこともできません。以前はドラマCDで同じ問題がありましたが、キャストの一部が出演できないとなると、ガラッと配役を変えてしまうこともありました。

いずれにしろ、収録日というのは大事で、その役のオーディションを受けることができるか否かにさえ関わってきます。

石丸博也（いしまる・ひろや）……ジャッキー・チェンの専属吹き替え声優として知られる。アニメでは『マジンガーZ』の主人公・兜甲児など。

玄田哲章（げんだ・てっしょう）……アーノルド・シュワルツェネッガーの専属吹き替え声優。「トランスフォーマー」シリーズの司令官コンボイ（オプティマスプライム）、『クレヨンしんちゃん』（アクション仮面）、『ドカベン』（岩鬼正美）など。

オーディションが基本

声優の仕事はオーディションが基本です。これは新人でも、人気者でも、ベテランでも基本的には変わりありません。オーディションを受けないことにははじまらないのです。アニメ番組のオーディションは何回も行われることがあり、たとえば、該当する役柄のセリフを音声データにして制作サイドに送ります。そこで1回戦、2回戦と行われて、決勝まで残ったらスタジオでオーディションとなるかたちが一般的です。その場合はやはり若手の人は1回戦から、人気者やベテランは本戦からということもあります。

オーディションが行われるという連絡はもちろんいろんな声優事務所に届きますが、どっところられてもキリがないということもあり、各社○人まででというように割り振られるのが通常です。

日本声優事業社協議会は私の所属する81プロデュースを含めて50社が加盟していますが、加盟していない声優事務所やプロダクションもいれれば100社以上はあるんじゃないでしょうか。

ぜんぶの事務所に声をかけているわけではありません。ここはやりやすいよね、ここなら安心だよね、ここは評判がいいよ、などということがオファーする側にもあるわけです。ほかの仕事だって、どこかに見積もりをとるということがあれば、全事業者に依頼することはなく、同様にある程度の当たりをつけているだろうと思います。

オーディションは一般公募ではありませんから、そういう意味では事務所に所属していないと若手や新人にはオーディションを受ける機会すらないということになります。

たとえば、15社くらいの声優事務所に、1キャラ6～7人くらいオーディションに出してね、ということで、もう100人くらいにはなります。

アニメでいえば、まずメインキャラクターの5人の配役を決めましょう、というだけで500人が参加することになるわけです。

では、事務所は誰をオーディションに参加させるのかといえば、まずキャラクターに性別がある場合は、それで絞られて（小さい子など、どちらでもよいという場合もありますが）、対象キャラの年齢でもある程度は絞られる場合もあるでしょう。それとさきほど言ったスケジュールの都合も考慮すると、たとえばそれで30人くらいに絞られたとします。そこからは81プロデュースでいえばマネージャーが20人くらいいて、彼らが吟味する。前のとき良かったとか、いま伸びているだとか、そういえばこんな役をやりたいと言っていたなとか、いろんなことが考慮されます。

最近のアニメーションは長寿番組や国民的アニメと呼ばれるものをのぞくと、キャラクターがそもそも若いので、自然と50〜60代のキャストを当てる枠は少ないと言っていいでしょう。学園ものだったとしたら、登場人物はほぼ学生、お父さんお母さんもあんまり描かれなくて、9話と13話におじいちゃんがちょこっと出ますよ、というようなときはさすがにオーディションはありません。

これは極端な話かもしれませんが、深夜アニメではとりわけメインどころにキャスティングされる人は低年齢化傾向にあります。つまり、それだけ競争は激しいということでもあります。せっかく表現に携わるのであれば、いろんな役ができるのが面白いし、長く続けていくにはほかにない個性というものも必要になるでしょう。

私、いつも言っているんです。

「オーディションは落ちて当たり前」

明らかな技術不足とか、努力が足りないのに文句を言うような人たちに対してではないですよ。とてもがんばっている、私もいいなと思う人たちに対してです。それでもオーディションは落ちるんですから。

なぜかって、当たり前ですよね。実力がある人が上から順番に格付けされていて、そのとおりにキャスティングされるのなら、オーディションの必要なんてないんです。ひとつの作品はさまざまな要素が組み合わさってひとつの世界観をつくります。声優だけじゃありません。作画監督、音楽、ミキサーなど番組に関わる人すべてがひとつの作品をつくる。

そこに必要な人が必要なだけ参加するんです。

5人の主要登場人物がいて、そのうちふたりの声質が似ていたら、違う声質の人が選ばれることもあります。作品内のバランスもある。オーケストラだっていくらうまいからって同じ楽器ばかりで編成されることはありえません。そういう意味ではキャスティングもアンサンブルなんです。

だから、いちいち落ち込むことはないし、必要以上に自信を失うこともありません。先述のようなアニメのオーディション形式の場合、何百人も落ちているわけですし。それでも役者って目立ちたがり屋で自意識が強く、それでいてどこか繊細という複雑な人が多い。若い人なんかは結果が出ない焦りもあってか、やっぱりがっくりしてしまう。

「自分のなにが悪かったんですかね」

「なにも悪くないよ」

「じゃあなんでダメだったんですかね」

「たまたまだよ」

そういうことだと思っています。

まあ、落ち込む気持ちもわからないでもありませんが。

「ウェイト」が大切

みなさん、この本に何を期待されているのでしょうか。

「声優になるにはどうしたらいいの？」

「売れっ子になって生活していくにはどうしたらいいの？」

でしょうかね。

たいへん恐縮ですが、私が教えてほしいくらいです。

養成所を経て事務所に所属して、オーディションに受かる、これがいまは一般的な道筋です。ここまででよければ、どんな端役でデビューしようとも「声優になった」とはいえるでしょう。しかし、幸運にもメインキャストを勝ち取ることがあったとしても、次の仕事が約束されているわけではありません。

私は物心つく前から児童劇団に入って、その縁で幼い頃から仕事をいただいていました。それこそテレビドラマ、舞台、声の仕事など、芝居をするということではあらゆることをやっていました。いまの事務所の社長と出会って、声優の仕事が順調にいただけるようになっても、自分の劇団（ドラマティック・カンパニー）でずっと舞台役者として活動しています。

芝居バカなんです。演じることが好きで好きで、それ以外考えたことがありません。「なりたい」ではなく「やりたい」だけで続けてきました。

あえていうなら「みんなからうまいと言われるすごい役者になりたい」というのは以前

はあったかもしれません。

どうやったら売れるのかもはっきりとは答えられません。芸能の世界ですから、あるとき人気者になったり、その後すぐさま忘れ去られたりということは珍しくありません。他人の評価ですし、いまはなにぶんサイクルも早いですから、浮き沈みは半端ないでしょう。自分だけの努力で売れたぜ、と言い切れる人もなかなかいないのではないでしょうか。

もし安易にそこを求めているのであれば、「やめといたほうがいいよ」としか言いようがありません。お金を稼ぎたいのであればほかの仕事を選んだほうがいい。

みなさんもきっと「好きだから」という気持ちで飛び込んでくるのでしょう。「好き」であれば「なる」のはゴールではありません。なにはともあれ、この世界で生きていきたいというのであれば、「やりたい」を貫くことです。私たちは従業員でもなければ資格が必要な仕事をしているわけでもありません。

「なぜ長い間続けてこれたんですか」

と言われても、やり続けてきた結果としか言いようがありません。その間、一度も「やめたい」と思ったことはありません。もちろん、日々の精進もさることながら、良縁に恵まれたこと、多くの人の支えがあったからにほかなりません。

役者は腕を磨いて出番を待つ、というのが基本です。プロ野球の選手だって日々練習に明け暮れても、打席に立てるかは監督の采配次第です。そしていざ打席に立ったなら、日頃のすべてを出して結果を残す、そうしてまた使ってもらえる。それに似ています。

若い連中には仕事でいちばん大事なのは「ウェイト」だということをいつも言っています。待機している時間のことです。ただぼーっと待っていたらだめなんです。その時間をどう使うかが勝負どころ。とても大切な時間なんです。

養成所でも毎日レッスンがあるわけではありません。週に1回のレッスンを受けて、その後の1週間をどうやって過ごしたかは、次のレッスンに必ずあらわれます。私はそこを見ています。

1週間酒飲んでゴロゴロしていても、バイトに精を出していても、同じだけの時間が流れます。なんのためにやっているのか、なにをやりたいのか、どうしたいのか、ということを少しでも意識していれば課題をもって取り組めます。レッスンを受けていれば将来が約束されるなんてことはありません。持ち帰った教材を1週間開かなかったり、予習や復習をしたり、世にある作品にふれてみたり、人間観察をしてみたり……そうして過ごした1週間が繰り返されて1年になるのです。

もしプロになったら、決まった日に集まって稽古をするということもなくなるわけですから、仕事がなかったらウェイトの時間はさらに増えるかもしれません。その間をどう過ごすかはさらに重要になります。

事務所に所属するには

声優や俳優は、世間でいうところのいわゆる芸能人の範疇です。才能や努力等は別にして、資格が必要になるわけではありませんし、誰でもチャレンジすることができる一方、スケジュール帳が仕事でいっぱいになる人、そうでない人、きわめてシビアなのはいうまでもありません。

ただ、アニメの声優をやりたいと思っても、先述のようにオーディションは基本的に公募ではないため、まず事務所に所属するのが現在では一般的なルートになっています。

事務所に所属するためには、それぞれの養成所に入って（養成所に入るにもオーディションが必要な場合があります）勉強し、内部の審査を経て正式に所属声優として事務所と契約をする。これも現在では一般的なようですが、私たちの時代にはもちろんなかったものです。

うちの事務所の人間に聞くところによると、81プロデュースの養成所「81アクターズスタジオ」には毎年400～500人の応募があるそうです。実際に受け入れられるのは100人程度ですから4～5倍の倍率があります。81グループでは、「81オーディション」というものを2007年から開催していて、合格者は特待生として養成所に入ることもできます。

そのほかにはアニメーションスクールなどの専門学校の声優・ナレーション学科などを経てから養成所を受ける人も一定数はいます。事務所の養成所というのは、その事務所に所属するということを前提としてレッスンを受けるのですが、とくにそこまで決められない、あるいは多くの事務所がある東京まで出られない事情があるけれど、レッスンは受けたいという人たちが専門学校を選ぶようです。

養成所に入ったところでそのまま事務所所属となれるかというと残念ながらそうでもなく、養成所の学生のなかでもだいたい1割とのことです。採用枠が定まっているわけではありませんので、少ないときも多いときもあります。目指してくる人数に比べれば実際に所属して仕事ができる人はわずかです。

このようなことを聞くと私はいつも「いまの子たちは大変だな」とつくづく思います。厳しい世界ではありますが、それだけの覚悟を持っていなければならないのは、いまも昔も変わりありません。

正式に事務所に所属ということになれば、1年とか3年とかの有期契約になります。これまで多くの声優事務所が声優との間にきちんとした「契約書」というものを交わしていませんでした。だから所属するといっても法的にいうと曖昧でしたし、なにかトラブルがあった場合にも根拠となるものがありません。昔は業界慣習でなんとなく通ってきたものを、それではまずいだろうということで、近年は徐々に整備されるようになりました。

ところで、所属する事務所は大きければ大きいほどいいのか、というとそうでもありません。確かに事務所ごとに割り振られるオーディションの枠というものを考えるとすれば、有力な事務所がいいように思えます。駆け出しであればあるほど事務所の「看板」の力は大きいといえるでしょう。

ただし、当然、所属する人たちが多ければ多いほど、そのなかでの競争も激しい。もちろん、そうしたなかでも勝ち抜いていかなくてはいけません……というのは簡単ですが、大勢が所属する事務所のなかで、なかなかチャンスに恵まれず、ごくたまにオーディションが受けられるより、規模が小さいほうがオーディションが受けられるということも事実としてあります。

たとえばA君は所内のオーディションではB君と一緒になることが多く、たいていB君のほうが選ばれてしまう。だからといってA君に才能や魅力がないと断言することはできません。

所内はまだしも、最終的な作品のオーディションはアンサンブルですから、どう転ぶかわかりません。少ないチャンスをものにできることもあれば、多くのチャンスがあってもなかなかものにできないこともあるでしょう。前者と後者の違いを単純に実力の差とはいえないこともあるのです。本当に努力が足らないのは別にして、とてもがんばっている人たちには誤解してほしくないところです。

実際、なかなか大手で芽が出ず、小さなところに移籍してからうまくいくようになるというケースはあります。こればかりは縁のようなものであり、一概には言えません。

キャスティングボートを握るのは

声優に仕事を依頼してくるのはアニメの制作会社ではなく、音響制作会社といわれるところになります。アニメ制作会社は効果音、楽曲、そして声優と、音に関係する部分を音響制作会社に依頼するのが通例です。つまり、オーディションをやるよ、誰それを使うよといったことを決めるのも音響制作会社。そして発注元ですから、声優のギャラを支払うのも音響制作会社ということになります。

事務所のマネージャーが声優を売り込む先も音響制作会社ということです。収録スタジオも音響制作会社のものです。日本音声製作者連盟に加盟している数で言えば40社ほどになります。

ちなみに、私が所属する81プロデュースのグループ会社に「HALF H・P STUDIO」という音響制作会社がありますが、制作や演出など40名ほどがいます。声優養成所からこちらに転職した例もあります。

音響制作会社には音響監督というポジションの人がいます。もちろん、アニメの監督もいますから、ひとつのアニメ作品に監督がふたりいる、ということになります。もちろん、アニメ監督が映画でいうところの監督というイメージでＯＫですが、音響監督の権限、重要性はけっこうなものがあります。音響監督は声優に芝居をつける、つまり演出をする立場です。アニメの監督が立ち会うこともありますが、基本的には演出するのは音響監督です。だからアニメの監督にとって音響監督はとても重要。協業ですから、信頼できる、理解がある、あるいは気心の知れた人とタッグを組むことがとても多い。あちこちから引き合いのある、いわゆるスター音響監督といわれるような人もいます。

役者は声優であれ舞台であれ、演出家の要求に応えるのが基本ですから、自分なりにキャラを解釈して役づくりをしたとしても、演出意図と異なればリテイクです。どんなにキャラに思い入れがあっても、ひとりよがりで芝居をすることはできません。

音響監督はスタジオではコントロールルームのディレクターデスクにいて、近くのシートにはプロデューサーやら監督が座っていたりしますが、たとえばそのとき監督が、

「なんか違うなー、もっと届くような感じにならないかなぁ」

といったところで、そのまま演出にはなりません。そこで音響監督がニュアンスではなく、たとえばですが、

「1行目は強く、2行目は弱く」

などと具体的な指示として落とし込みます。よく仕事をする演者、はじめての新人、それぞれに合わせて、その場の状況を見ながら、的確に演出していくプロなわけです。もともとが役者だったという人や、舞台演出から転身される人、なかには役者をやりながらときどき音響監督をする千葉繁さんのような人もいます。

音響監督には吹き替えもの専門という人もいれば、アニメだけやる人、両方やる人などさまざま。とくにアニメの場合、音楽や効果音など音に関するものをすべて考え、設計して演出します。

昔は怖い監督さんがけっこういました。

「ほんいきでやってね、ほんいきで！」

必ず収録の朝一でメインどころの声優たちに向かって大声で言っていました。でも、それでぴりっと全体が締まる。そうした現場の雰囲気づくりも担っているわけです。

「とちったら1000円罰金ねー」

なんていう無茶なことを言う人もいました。現場のつくり方はいろいろですが、昔はそんな雰囲気でしたね。

千葉繁（ちば・しげる）……『ハイスクール！奇面組』（一堂零）、『うる星やつら』（メガネ）、『北斗の拳』（予告ナレーション）など。

アフレコの現場

アフレコ現場ではチームワークが大事ですが、当然、作品ごとにキャストやスタッフは異なりますので、それぞれの現場によって雰囲気も違います。

たとえば、『それいけ！アンパンマン』は長年やっていて、もう家族のようなものですから、コミュニケーションも阿吽《あうん》の呼吸で、チームとしてもできあがっているわけです。

しかし、そういうところに若い声優がゲストなどで来ると、かえって緊張するといいます。戸田恵子さんをはじめ、私や、山寺宏一さん、増岡弘さん、柳沢三千代さん、島本須美さんなど、それこそベテランだらけですから無理もないことでしょう。逆に私が若い人たちばっかりの現場に行ってもちょっと緊張しちゃいますからね。

現場ではふつう予定の30分くらい前に徐々にキャストが集まってきて、そろったところで、

「じゃあ、はじめまーす」

という感じでスタートしますが、開始前や途中の休憩などで雑談する機会はありますし、いまは少なくなりましたが、だいたい収録終わりには飲みに行ったりすることも多かった。そういうときにうまく橋渡ししてくれる先輩がいると、現場もうまくいきます。私なんかは苦手なほうですが、山寺さんなんかはとてもうまく現場を盛り上げてくれます。それから私が知る限りでは堀内賢雄さんもとても面倒見がいい。

彼らは緊張している若手なんかに一言でも二言でも話しかけています。前の現場で一緒だったらそのことにふれてあげたりして、そうするとほかのベテランがその子を知らなくても、（ああ、もう現場でがんばっている子なんだな）と話がしやすくなったりします。きっと自分が新人だった頃を覚えているのでしょう。

私自身はデビューしたのが若すぎて、それこそまわりの大人たちからは「ぼうや」扱い。台本とは違う別の本をもってスタジオで読んでいて「こらこら」なんて怒られたりしていました。そんなものですから、彼らを見ていると本当に現場のことを考えているし、「えら

いなぁ」と思います。

　とくに新人に近い人たちがくると、現場の作法のようなものが身についていないこともあり、そういったことも教えるのが先輩の役割です。

たとえば、収録スタジオにはキャストが座る椅子とかソファとかが壁際にありますが、なんとなく座る位置というのは決まっています。実際、どこに座っても構わないのですが、主役の人が真ん中、新人は出口ドア近くというのが定番のようです。

長く続いている作品だとそれこそきっちり決まっている（自然とそうなる）こともあって、たまにゲストで来るような人には勝手がわからない場合もあります。

　新人が出口ドアにいちばん近い端っこなのは、たぶん、上座下座でいったら、下座ということになるのと、先輩やベテランの前を横切らないようにということではないかと思いますが、実際、私も「失礼します」と言って前を通ったりするのが嫌で、若いときから端っこに座っていました。じつはいまでも、どこの現場でもずっと定位置のように端っこに座っています。

　だから『アンパンマン』に若い声優さんがゲストで収録に来て、端っこに座ろうとすると、増岡弘さんが、

「そこは中尾くんの席だから」

と教えてくれたりする。

はじめての現場でも、『ドラゴンボール』でも、『ONE PIECE』でもなんでも、どの現場でも端っこに座っちゃうものだから、新人さんがうろたえてしまうことがあります。申し訳ありませんが、ただ好きで座っているだけですので気になさらないでください。

戸田恵子（とだ・けいこ）……アンパンマン役。アニメではほかに『キャッツ♥アイ』（来生瞳）、『ゲゲゲの鬼太郎』（鬼太郎・2代目）、『きかんしゃトーマス』（トーマス・初代）など。女優として三谷幸喜監督の映画をはじめ、テレビドラマ等に多数出演。

山寺宏一（やまでら・こういち）……めいけんチーズ、カバお役ほか。アニメではほかに『らんま1／2』（響良牙／Pちゃん）、『新世紀エヴァンゲリオン』（加持リョウジ）など。洋画吹き替えなどでも多数出演。テレビ東京「おはスタ」の司会者としても長年出演していた。

増岡弘（ますおか・ひろし）……ジャムおじさん役。アニメではほかに『サザエさん』（マスオ）、『忍たま乱太郎』（板井野飛田）など。

柳沢三千代（やなぎさわ・みちよ）……カレーパンマン役。『機動戦士ガンダムSEED』（エリカ・シモンズ）など。

島本須美（しまもと・すみ）……しょくぱんまん役。アニメではほかに『めぞん一刻』（音無響子）、『ルパン三世 カリオストロの城』（クラリス）など。

堀内賢雄（ほりうち・けんゆう）……『機動戦士ガンダムＺＺ』（マシュマー・セロ）、『キャッ党忍伝てやんでえ』（ナレーター）など。洋画吹き替えも多数。

マイクワークという連携

新人声優が最初に苦労することといえば、さきほども少しふれた「マイクワーク」でしょうか。

マイクはスタジオに4〜5本立っていて、誰それ専用というものはなく、みんなで使い回しします。セリフの多い人少ない人もありますし、シーンによって使用する人数も時間も違いますから、うまくローテーションさせる必要があります。

養成所のレッスンでも実際のアフレコをやることはもちろんありますが、そこでも「自分専用のマイクというのはないんだよ」と伝えますが、緊張のせいもあるでしょうし、セリフをしゃべることに気をとられて、同じところに張り付いたまま、ということもよくあります。

レッスンではひと通り「こういうふうにするんだよ」と教えるものの、実際の現場ではそれこそいろいろで、その都度違います。

どのマイクに入ればいいかは誰も教えてくれません。というより、慣れている人ははじめての現場だろうとなんだろうと、うまくやってしまうので、いちいち決めておかなくてもできてしまうのです。

ここで主役がしゃべるからあそこに立つ、いまはここのマイクを使ってないからここに入る。あとはマイクの高さもそれぞれ違って、そういうのも関係しています。そういうのは自分で見ていなきゃいけない。次のセリフの人がここに入るからあっちにどかなきゃいけないな、というローテーションを考えておいて台本にマイク番号を書いておくようにしておきます。それでも慣れていないと、ミキサーさんから「右のマイクに入ってください」なんて指示がとんだりします。

新人さんはとにかくセリフに気をとられがちですから、大変でしょう。マイクワークがうまくできないと、いろんな人に迷惑をかけてしまいます。

昔、とある新人声優が先輩に、

「こっちのマイク使いなさい」

と優しくいわれて、

アフレコのレッスン風景（写真提供：81プロデュース）

「あ、（自分はここで）だいじょうぶです」

本人は遠慮しているつもりで答えたんですが、

「そうじゃなくて、ここに来ないとやりにくいんだよ！」

と怒られたりしていました。邪魔になっていることも気づかないくらいですから、なかなか言葉で説明するのも難しい。

だから、後輩や若い子には、

「先輩にここに入りなさいといわれたらそこに入りなさい。それがベストだから」

というふうに言っています。

こういうマイクワークは昔からあるも

のですが、私が声の仕事をしはじめた頃は小さい頃でしたし、背も低かったのでほぼ自分専用マイクのようにしていました。ベテランの人たちも仕方ないかと、いつもより1本少ない残りのマイクでなんとかローテーションしてくれていたのです。

逆に『キャプテン』という作品では、私（近藤茂一役）以外がみんな若い子でした。中学校の野球部の話だったこともあり、みんなそれに近い年齢で「うわ、モノホンかよ」と驚いたのもさることながら、どいつもこいつも自由にマイクに入ってきます。

「うわ、今度はそっちにいったか」

なんて、ひとりでてんやわんやしていました。

ちなみに、近藤は初代の谷口くんから数えて4代目のキャプテンになるはずの男だったのですが、残念ながらあとちょっとというところで番組が終了してしまいました。『タッチ』もよく再放送されるのですが、私演じる西村勇が登場する前で放送が終わるパターンが多く、野球ものには「もうちょっとやってよ」という残念な共通点があります。

話がそれましたが、マイクワークは洋画吹き替えの場合はさらに事情が異なり、ヘッドフォンを片耳に当てて原音（外国語のセリフ）を聴きながらやります。

昔、マイクの下にヘッドフォンのジャックをつなぐ「弁当箱」とよばれる機材があって、出番が来るタイミングでヘッドフォンをもっていちいちジャックの抜き差しをしていました。これも人数分があるわけじゃなく共用ですから、立ち回りをうまくやらないとコードがからまったりなんかでもうたいへん。いまはコードレスになったのでだいぶ楽になりました。慣れていない新人さんやちょい役の人なんかは自分の出番前になると足元にあらかじめスタンバイしておくなどということをやっていました。大勢が出るシーンなんかはヘッドフォンをとる、ジャックをつなぐ、マイクに立つというのをとっかえひっかえやってましたから、スタジオが戦場みたいになっていました。いま考えるとよくあんなことができたなと思います。

マイクワークは声優には必須のスキルとも言えますが、現場の数をこなせばこなすほど、どこへ行ってもできるようになります。

ギャラと待遇

私はお金が嫌いなわけじゃありませんが、昔から「お金のため」という考えで役者をやってきていませんでしたから、どうしても苦手なところです。もちろん、プロですからきわめて大事なことですし、いまの声優志望のみなさんのほうがむしろしっかりと考えていらっしゃるので、お話ししないわけにもいかないでしょう。事務所の人間から教えてもらいつつ、簡単にですがまとめておきましょう。

声優は芸能人と同じで、事務所に所属してもサラリーマンではありませんし（サラリー制の芸能事務所もあるようですが）、完全なる歩合制です。

最近、わりと知られるようになったようですが、声優の出演料は日本俳優連合（日俳連）によってランクに応じた金額が定められています。これも古い時代、声優業が成り立っていく過程で、役者が買い叩かれないように先達の方たちがつくってくれたものです。制作サイドからしても、ぜんぶがぜんぶ毎回交渉ということになったら大変だということもあるでしょう。

30分ものアニメで収録時間は1回につき2時間30分〜3時間。映画だったらその3倍程度かかりますから朝から晩までですが、基本的に収録は1日。そのなかで、セリフが一言であろうが、ずっと出ずっぱりでしゃべっていようが出演料は変わりません。

声優になって最初の3年間は「ジュニアランク」と呼ばれ、そのギャラは1万5000円。これが基本的な下限ということになります。3年経つと正式にランクがつきます。役どころによってギャラが変わることはありませんが、放送時間の長さやその後の商品展開などがベースに加味されて最終的に1本いくらということになります。

ランクは毎年4月に更改されますが、じつは自己申告で、多くの場合、事務所と相談して決めています。新人からスタートしたら基本的にはあげていきます。昔、野沢那智さんが、「高給取りになったら仕事がなくなった」と自虐ネタで語っていたそうですが、実際に制作側の予算というものもありますので、そのへんは仕事ぶりを見ながらマネージャーとじっくり話し合います。

大昔、声の仕事というのは、劇団の役者がアルバイトのようなかたちでスタートして、録音したら「日当」のように支払われるものでした。

ところが、世の中にビデオ（VHS）が出てきたり、再放送されたりと二次利用されるようになってきてもしばらくその慣習が続いていたのです。そうした状況に対して、業界の先輩方が声優の仕事を守ろうと立ち上がってくれたおかげで、待遇は少しずつ改善されてきました。

いまはDVD、ブルーレイなどのソフトなどに使われるのがほとんど前提ですので、はじめの出演契約でもらえるギャラには事前に定めた利用範囲に応じた「目的使用料」が加算されています。

いま声優を目指してくる人たちは「声優として食っていく」という意気込みはあっても、実際のところ、どれくらいの仕事をすれば食べていけるようになるかといわれると、結構漠然と考えているようです。

うちの事務所のとあるマネージャーはいつも声優志望の若い人たちに言っているそうです。

「プロとしてやるんだから、職業意識をもってほしい。たとえば、あなたがコンビニでバイトしたとします。その2日ぶんか3日ぶんを3時間で稼ぐことができますよ。でも毎日仕事があるわけじゃない。アニメだったら週1回、月にしたら4回。そうなるとバイトのほうがよいよね。大卒初任給が20数万だとしたら、それだけ稼ぐのにどれくらい仕事があればいいと思いますか？　そういう感覚をもって臨んでほしい」

売れた売れないは芸能の世界ですから、若い人が突然ブレイクしてとんでもなく稼いだり、売れていた人がいつの間にか仕事がなくなったりはあるものです。

若いうちはそれこそバイトで稼ぎながら、ようやく仕事の数も増え、準主役くらいの役ももらえ、

「バイト辞められました」

といってマネージャーも一緒に喜んだりしていたけど、またしばらくすると、

「バイト戻りましたー」

ということだってあります。いい役をもらえて結構なファンがついたあとだったりすると、バイト先で困ったことにならないかなと心配になることもありますが……。

事務所と役者の関係は、たとえばプロスポーツ選手のように「あなたには、これだけの成果を求める。だからこれだけの報酬を支払う」といったお互いが求める条件を細かく要求するものではありません。

収入は完全歩合制ですし、アニメ等に関してはランク制でギャラもおよそ決まっているわけですから、極端な話、自分の看板で仕事がとれる人気者やベテランであればあるほど、どこの事務所にいてもあまり変わらないということになってしまいますし、そうであれば、事務所を選ぶ理由は義理とか居心地ぐらいになってしまいます。

もし、ほかの業界のプロ契約のように、たとえば私が1000万円稼いでいたとしたら、1500万円でよそに引き抜かれる（ないでしょうが）ということが起きたり、契約ノルマの達成が危うかったら「そんな芝居していたらダメですよ！」と発破をかけられたり、逆

に「今年はじゅうぶん稼いだだろ、しばらく休ませろ！」という話にもなります。それくらいのことであれば、事務所も役者もいい緊張感とぶつかり合いが生まれて、面白いことになるのではないかと考えることがあります。

さきほどの「バイト戻りましたー」に関しても、良くも悪くも「本人次第」すぎる部分があるからともいえます。

もちろん、契約条件があるとかないとかが重要だとは思いません。私が言いたいのは、どんな状況であっても事務所と役者がゆるい関係にならずに、対等でいい緊張感をもちながら真剣にぶつかりあうというのが健全な姿ではないかということです。

現場には直行直帰

よく勘違いされますが、声優事務所のマネージャーは役者個人についているわけではなく、収録スタジオごとにつくのが一般的です。

さきほど申し上げたとおり、音響制作会社がいくつかあって、マネージャーはそこに売り込みをかけますし、その担当者ということになります。ほかの芸能事務所では役者やタレントに付きますが、声優においては、こっちの現場はこの人、あっちの現場はあの人というようになります。ある意味、全員が自分のマネージャーみたいなものです。

ある声優のレギュラー番組が決まったとしたら、スタジオ付きの担当マネージャーが台本を手配したり、宣伝インタビューの段取りをしたり、そこで演じたキャラにまつわる派生仕事も手配をすることになります。

個人マネージャーではありませんから、誰が売れても特定のマネージャーの評価が変わるわけではありません。マネージャーのほうでも声優全員を平等にみているということになっています。

スタジオ担当は音響制作会社にはちょくちょく顔を出していて、メインキャストじゃない、ちょい役なんかに若手を売り込んで、現場の経験をつませていくということも担っています。

ただし、新人だとか事情のある場合を除いてマネージャーは収録にも立ち会いません。イベントなんかでスタジオ以外のところや地方などに行くときはついていきますが、はっきり言って、声優の仕事はひとりで「直行直帰」です。

私は小学生になる前の幼い頃からラジオドラマの収録のために現場に行っていましたが、

電車に乗れるようになってからは、ずっとひとりで通い続けました。声優として仕事をたくさんいただけるようになってからも、ずっと変わりません。

午前の収録は10時からというのが基本ですが、ちゃんと自分で起きて行ける必要があります。どんなに技術や演技力があっても朝起きられないと仕事ができません。一般企業に勤めている人からしたら当たり前のことですし、10時なんて遅いほうだと思います。だけど、やっぱりできないという人もいるんです。残念ながら、それが理由で廃業してしまったという人も実際にいました。

若手に対してはマネージャーがそうした部分の教育も担っていますが、プロとして仕事をする以上、自己管理というものは必須になります。

ただ最近思うのは、マネージャーと声優との関わりが、ちょっとビジネスライクになりすぎていないかというところです。役者同士が集まって飲んでいたりすると、あの芝居はどうだとか、この作品はどうだとか、議論したり盛り上がったりすることはしょっちゅうですが、マネージャーとそういう話をすることはほとんどありません。一緒につくっている仲間であるはずなのに、寂しいことです。

もちろん、マネージャーは会社員であって、私たちとは立場も違いますし、組織人としての立ち居振る舞いもあるのかもしれませんが、別の業界で働いているわけじゃありませんし、同じものに携わっているはずなんです。

業界の慣習としてマネージャーは声優個人にはつかない、というお話をしましたが、関わるということでいえば、個人を担当したほうがやりがいがあるように思います。

新人を育てるんだったら、2年くらい勉強して「お前、どの役者を担当したい？」と上司にいわれて、「あの人とあの人を担当したいです！」と任されて、3年目くらいで「ついに玄田さんの担当になれました」なんていうことになったら面白いじゃないですか。

私は81プロデュースの立ち上げ当初からのいわゆる古株ということになります。そのことで事務所も丁寧に扱ってくれているような気もしますが、自分としてはそこに甘えたくないし、特別扱いされたいと思ったこともありません。いただいた恩があるからこそ、役者としてきっちり仕事をしたい、そのことをいちばんに考えています。

オーディションのためのボイスは事務所にある録音ブースで収録するのですが、音響監督の代わりにマネージャーが立ち会います。

しかし、私の場合とくになんのディレクションもなく「オッケーでーす」でおしまい。

（本当にいいと思ってんのか？　俺はこれに生活かかってんだぞ！）

と思うこともありますが、「もう一回録ってください」なんてマネージャーはなかなかいません。私みたいなのに若い子がなにか言うのが難しいのは承知のうえです。

それでも、

「このキャラだったら、もっとこうだと思うんですよね！」

とか言われたら、私は何度でもリテイクしますよ。

（ほう、生意気なこと言うな）と内心思いつつも、はりきっちゃいます。

声優の立ち位置

声優が生の俳優と違うのは、当たり前ですが役者が作品の表に出ないことです。以前はそれこそ裏方感が強くありましたが、声優ブーム以降は、声優がキャラクターを離れて、活動することが多くなりました。アニメ雑誌も次々と創刊されて、インタビューを受けたり、声優のラジオ番組も盛んにつくられました。

いまでは、アニメ作品のメインキャストになった場合は、本編で声を当てたら終わりということはほとんどありません。番宣のためにイベントに出たり、作品によっては歌って

CDを出したり、そのままコンサート・ライブを行ったりもします。以前も外伝的なドラマCDをつくったり、人気作品では派生的な仕事がありましたが、いまではビジネス的にほとんどそうしたことが前提になっています。

それにともなって声優が生の活動をすることは当たり前になり、トークもうまい、歌もうまい、踊りもうまい、ということが求められています。

昔の役者もそれらはやっていましたが、芝居の一部としてでした。最初にお話ししましたが、それぞれの領域にはプロがいて、あくまでも自分たちは役者だという感覚だったのです。それがいまや声の演技だけではなく、マルチにプロ並みのことを求められるのですから、大変だろうと思います。もちろん、そういう活動ができるから声優になりたいという人も多いでしょうが、生半可なことではできません。

ところで、声優が売れるきっかけとしては、やはりキャラクター人気というものがあると思います。いわゆる「当たり役」というやつですね。作品自体の人気、そしてキャラクターの人気を経て、声優に注目が集まるわけです。

生の俳優だと、たとえばショーン・コネリーが「007」のジェームズ・ボンドで人気を博したものの、イメージが固定化されてほかの役ができなくなるからと降板したことがあるように、「当たり役」のせいで以降似たような役しか依頼がこなくなって、それが飽きられたら仕事が減ったとか、諸刃の剣のような部分もありますが、声優の場合はそのへんはぜんぜん違います。

まず、そのキャラクターを10年、20年と演じることができます。外見の変化ほどに声質は変わりませんから、いつか限界がくるにしても、かなり長い期間続けることができます。なにしろ、作品によってはキャラがぜんぜん年をとりませんから。これが生の役者だったら、役者に合わせて設定やストーリーを変えなければいけない制約がでてしまいます。

また、イメージが固定化されるというのも実写ほどではありません。声優は作品内では姿をもちませんから、ありとあらゆる役を演じることができます。

私でいえば、『タッチ』の西村勇や『キャプテン』の近藤茂一などの球児や、『伊賀野カバ丸』の伊賀野影丸、『あしたのジョー2』のカーロス・リベラをやりつつ、トッポジージョ（『トッポジージョ』）、ぽろり（「にこにこ、ぷん」）のような、ネズミの男の子などさまざま。

みなさんによく知られているのが、ばいきんまんとフリーザ（『ドラゴンボールZ』）なので、最近ではラスボス的なキャラ（フリーザははじめはラスボスではなかったのですが）

や、人間以外のキャラ（最近では「人外」というそうですが）が多くて、ひさしぶりに人間の役をやると、

「中尾さん、人間役ですよ」

とわざわざ言われたりなんかしてしまいます。

最近の話だと、『ザンキゼロ』というゲーム作品に参加しました。テラシマショウという少年とミライという羊が掛け合いをするのですが、まさかの少年のほうだったものですから、「えっ、そっち？」となってしまいました（ちなみに羊のミライは野沢雅子さん）。

声優とキャラクターというのは、絶対的にイコールかと言うと、そうでもない不思議な関係です。キャラは永久に生き続けますから、どこかでキャストは変わります。また、声優のファンの方々にしても、キャラクターが好きという部分がかなりの割合でミックスされていることでしょう。

イベントなんかではキャラの決めゼリフをお願いしますと言われますが、一方で、それ以外では公でキャラのセリフを言ったらいけないと言われることもあります。海外のアニメなんかではとくに厳しい制限があります。

キャラがまずあってというのはわかりますが、私がそれを演じていて、世間の人からほ

とんどイコールと思われていても、私のものではない。なんか妙な感覚があります。

野沢雅子（のざわ・まさこ）……『ゲゲゲの鬼太郎』（鬼太郎・初代）、『いなかっぺ大将』（風大左衛門）、『ど根性ガエル』（ひろし）、『銀河鉄道９９９』（星野鉄郎）、『ドラゴンボール』（孫悟空）など主演多数。

「フグの毒」と「役者の看板」

私たちが講師を務める養成所では演技の基礎を教えていますが、実際に声優を育てるのは「現場」以外にありません。しかし、私の個人的な見解ですが、その現場が以前と比べてつまらないと感じることがしばしばあります。

ときどきマネージャーと話していて、

「あいつは性格悪いから」

なんていう若手の評判を耳にすると、

「性格悪いから役者やってるんだよ！」

と大声で言い返してやります。

自分の性格もひんまがっているほうだと思うし、いろいろな役者を見てきたうえでの実感です。役者を目指そうなんてやつは、自尊心が強かったり、反抗的だったり、それでいて繊細だったり、コンプレックスだらけで扱いにくい連中に決まっています。性格がよければ仕事ができるのか、仕事が取ってこられるのか、とてもそういう視点でものを言っているとは感じられない。「あいつは、いいやつ」というのは、誰かにとって都合のいい、無責任な評価じゃないでしょうか。

たとえ性格が悪くてもひと声聞いて「こいつはいい」と思ったら、羽交い締めにしてでも育ててやろうというマネージャーは残念ながらいまはほとんどいない。いまだったらパワハラだなんだということになって難しいのかもしれませんが、「めんどくさい」と思ったらいいものなんて生まれません。

この業界に限った話ではないでしょう。テレビ番組をはじめいろんなコンテンツが、無難で、あたりさわりのない、似たようなもので溢れています。よごれをぜんぶ落としたらまっ白になっちゃったとでもいうような。見ているこっちがびっくりするようなものがまったくない。不況のせいなのか、余裕がないせいなのかはわかりませんが、そういうことがいろんなところで見受けられます。

フグには毒があってさばくのには免許が必要です。最近では無毒のフグがでてきて、毒を取り扱う技術がなくても調理できるそうです。さきほどの話は育てる側が「毒があるから使えない」、すなわち私には技術がありませんと言っているようなものです。マネージャーにもマネジメントする技術が必要でしょう。

声優業界の「かたち」ができあがってきた反面、声優というものが、ある程度画一化、平均化された商品のようになってしまうのではないかという懸念もあります。声優ってこういうものでしょ、というのが作品の作り手にも、声優を売り込む側にもあって、そこに沿わないものははじき出されてしまうのではないかということです。

声優志望の子や新人など若い人たちも周囲の評判ばかり気にしていれば、悪い意味で丸くなってしまうのではないかと心配になります。はじめの頃にあったゴツゴツとした部分が、不要なものとしてきれいにきれいに削ぎ落とされて、いつの間にか無難にまとまっていくのを見ることもよくあります。

「いまのうちから、丸くなんかなんなよー」

と思いますし、レッスンのときもよく、

「うまくやろうとするな」

と言うことが多々あります。こういうのがいい、こういうのがウケるというある種パブリックな型にはまってしまうと、予定調和になって個性が失われてしまいます。それじゃあ面白くない。

業界が大きくなればなるほど、ひとつの流れに飲み込まれてしまうことは起こるようです。よい流れもあれば悪い流れもあります。現場も業界ももっと面白いものであってほしいと思うからこそ、よくないことははっきり言いたい。そういう意味ではずっと「反体制」でありたいと思って生きてきました。なんでもかんでも反発するという意味ではありません。なにかあれば背を向けず、立ち向かうということです。それが夢をもち続け、仕事を愛する秘訣だと思っています。まあ、そんなことを堂々と言ってしまうのも、もはや私くらいなもんかもしれませんが。

私たち役者は事務所に所属していても、一人ひとりの「看板」をもっていなければいけないんだよ、という話は若い人たちにはよくしています。いろんな看板が集まれば、結果的に事務所の看板も大きくなるんです。

だからこそ、大きな流れに飲み込まれそうになったら、一歩引いてみる。とくに若いうちは現実と理想のギャップがあったり、焦ったり迷うことが多いかもしれません。「自分はここだ」と、胸を張って言えるようになるまでには、多くの経験が必要でしょう。

誤解をおそれずにいえば、「売れる」ということはそんなに大事なことでしょうか。もちろん売れちゃいけないとは言いませんし、稼げるようになれば自分も周囲も大喜びでしょう。だけど売れることが唯一の価値観になっちゃいけないんだと思っています。

いちばんはじめにもっていた、誰に言われたでもない自分だけの「好きだ」という気持ち。それをもって飛び込んできたことは忘れないでほしいんです。それがあれば苦しいときにも立ち向かえます。そして、そういう仕事との向き合い方を続けることができれば、それが自分の「看板」になるのだと思っています。

2章 役者としてⅠ

5歳でデビュー

私は本名を竹尾智晴《たけおともはる》というのですが、竹尾というのは母方の姓です。

私の生まれ、育ちにはちょっとややこしい事情があります。

男運があるのかないのかわかりませんが、私の母は何度も再婚しています。おそらく5回〜7回ぐらいでしたでしょうか。

本来は母が婚姻している間は別の姓になっていなきゃいけないと思うのですが、母の相手が変わるたびに名前が変わったら学校などでも不都合であろうと、

「もう、ずっと竹尾でいいよ」

そう言ってくれたのは祖父母でした。

父が違う7つ年の離れた姉がひとりいるのですが、同じく竹尾姓を名乗っていました。

「私の父」は私が生まれて間もなく亡くなっていて、当然顔も覚えていませんし、写真で見たことすらありません。母は相手が変わるたびに前の人のものをさっぱり捨ててしまうようで、写真1枚すら残っていなかったのです。

そうしたこともあって、私は小さいときから親と暮らした経験がありません。祖父母の家で暮らしていたため、ほぼ祖父母が親代わりでした。

母親が趣味で日舞のようなものをやっており、祖父母も、きっと私もそういう芸事のようなことが好きかもしれない、ということで、3歳の終わりくらいのときに児童劇団に入りました。昭和30年頃は子どもの英才教育だとか、将来のことを考えてだとか、そういう熱心な理由で習い事をやらせる親は少なかった時代ですから、私を劇団に入れた祖母も、さほど強い動機もなく、

「預けておけば、遊ぶのにも困らんだろう」

という感覚だったのだと思います。実際、その頃の児童劇団はいまと違って、本格的な演技指導というには程遠い、楽しいお遊戯のようなものだったと思います。

あまりに小さいときなので鮮明には覚えていませんが、きちんと通っていましたから、嫌いではなかったのだと思います。レッスンしたり、他の子たちと遊んだりしていました。これも記憶にはないのですが、ときどき、いわゆる「ガヤ要員」として映画に出させてもらったりもしていたようです。

そして、5歳のとき、文化放送のラジオドラマ『フクちゃん』に出演することになりま

す。おそらくオーディションがあったような気がするのですが、まったく覚えていません。私の役柄は主人公であるフクちゃんの友だちの「キヨちゃん」。私のデビューは声の仕事だったということになります。

セリフの書かれた台本を渡されたのですが、児童劇団ではそうしたレッスンはありませんでしたし、まだきちんと字を読むことができない年齢でした。ですから、収録の際は、祖父が隣に付いていて、出番がくるとセリフを私の耳元でささやいて、私はそれを復唱するというやり方をしていました。フクちゃんをやっていた子はもう小学生でしたから、おそらく現場では私が最年少だったと思います。

仕事は週に2回、「本読み」の日と、本番の収録、駒込の祖父母の家から四谷二丁目のスタジオに通っていました。ラジオドラマ『フクちゃん』は、5年以上も長く続いた番組ですので、やがて小学生になると自分で台本が読めるようになり、3、4年生ぐらいの頃には電車賃をもらってひとりでスタジオに通うようになり、番組が終わったのは小学5年生の頃でした。

物心つく頃からはじめていたので、自分は演技をする俳優だとも、ましてやそれを仕事にしているという感覚もありませんでした。

この間、家庭の事情もあって2度ほど都内で転校したり、こういう仕事をしていたものですからまわりの同級生からはやはり奇異な目で見られたり、いじめのようなことをしてくる子もいました。

私自身は学校とお芝居を掛け持つことに違和感を覚えることもなく、そもそも、それがおかしなことだと考えたことはありませんでした。私にとってはあくまでも日常の一部だったのです。

仕事ばかりしていた小・中学生時代

ちょうど小学校にあがるかその前くらいですから、1957年頃だったでしょうか。児童劇団のほうは辞めていて、「プレイヤーズセンター」という大人の俳優さんたちが所属する事務所に「預かり」として入ることになり、『フクちゃん』の仕事をする合間にも、映画やテレビにちょくちょく出るようになっていました。

プレイヤーズセンターはその後、1960年に、日本ではじめての俳優のコーポ「東京俳優生活協同組合（俳協）」となり、小学4年だった私もそのまま俳協に所属することになります。それまでは祖父母が私の仕事については手配やらいろいろしてくれていましたが、子どもとはいえ、事務所のマネージャーがみてくれることになったのです。

俳協は当時、新劇の役者さんをはじめ、たくさんの俳優が所属しており、テレビ、ラジオ、映画など様々なジャンルでマネジメントしていました。なかでも、テレビでやる海外ドラマなどの吹き替えの仕事が多くなっていましたので、所属の俳優に「声の仕事」を手配することも多く、声優事務所としても草分け的存在となりました。いまある声優事務所も多くは俳協を源流としてできたものになります。

『フクちゃん』は5年も続いた人気番組でしたから、子どもを対象としたいろんなメディアやイベントに駆り出されたりもしました。たとえば、スポーツ選手のインタビューでは、フクちゃん役の子と私とコンビで「ちびっこレポーター」のようなこともしていました。

当時、子どもたちに人気のあったプロ野球の長嶋茂雄選手や、王貞治選手、金田正一選手、大相撲では大鵬、若乃花……いま思えばすごい人たちに会ってインタビューをしていたわけです。当時多くの子どもたちにとって憧れの存在だったのですが、私はスポーツ関連にほとんど興味がなく、お会いした方たちもなんとなく知っている程度だったものですから、とくに感激することもなく「お仕事」をしていました。

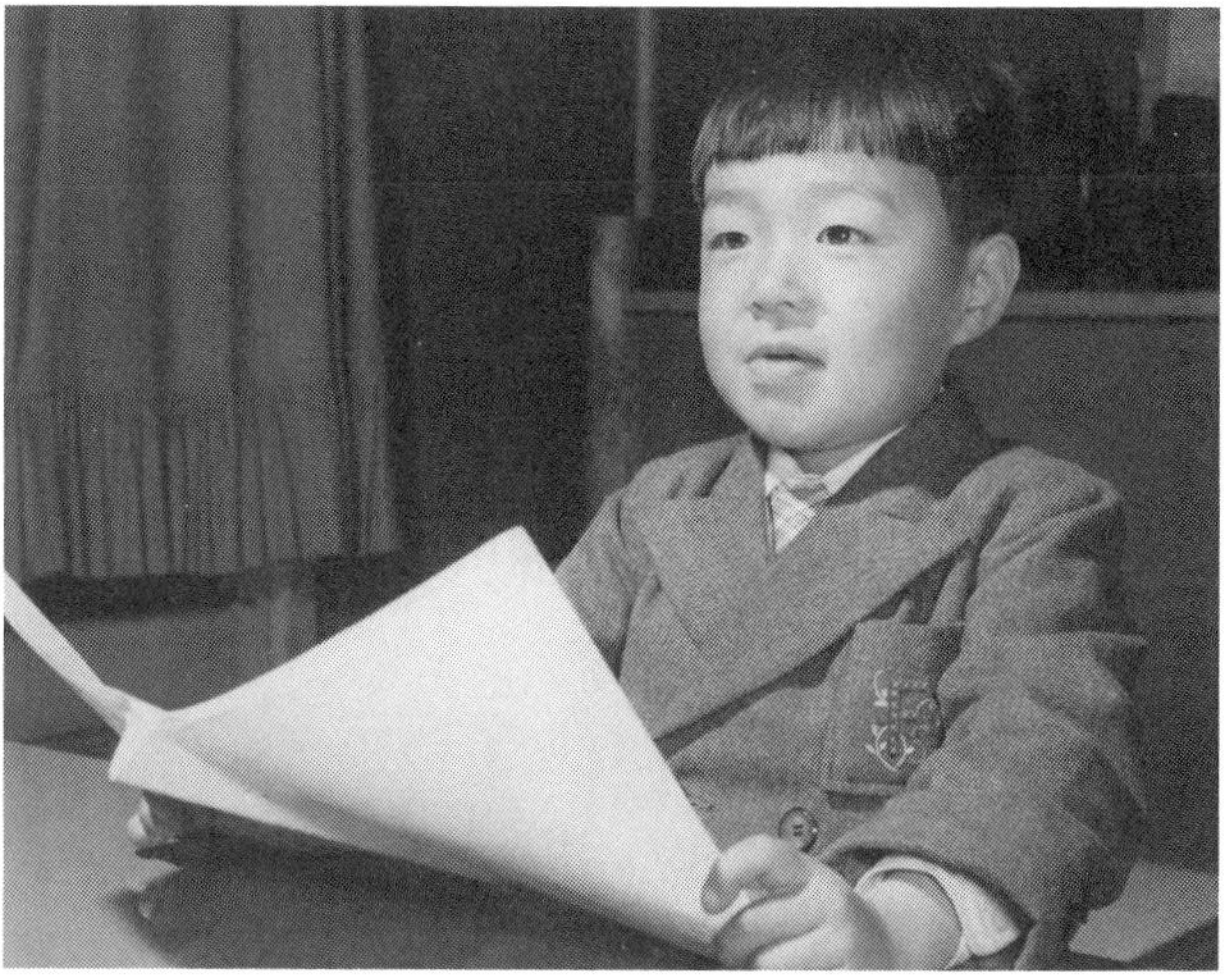
筆者5歳の頃。文化放送にて。

質問項目はだいたい決まっていて、スタッフの方からは（おそらく大人の事情というやつで）「あれは聞いちゃだめ」「これは聞いちゃだめ」という指示を結構きつめに言われたのでそれだけは鮮明に覚えていますが、そもそも当時はよくわからないままやっていました。

俳協に所属して10歳くらいになる頃からはテレビにもよく出演させていただくようになりました。教育テレビ（現在のＥテレ）の子ども番組や、スタジオドラマなどＮＨＫの仕事がいちばん多かったように記憶しています。

その当時、私の1週間は、本読み―本読み―リハーサル―リハーサル―本番―

本番といった感じでした。いちおう学業優先ということで仕事は調整してもらっていましたが、それでも仕事のために休んだり、早退したりということはよくありました。

いまだったら許されないことだと思いますが、大人たちと同じように夜遅くまで現場にいることもありました。以前は業界全体がおおらかというか、いい加減というか、労働基準法もなにもあったものじゃありません。それが常識という感覚でしたし、私もとくにそれが当たり前と思っていました。

この頃は学校の友だちと遊ぶこともありましたが（勉強はともかく嫌いでしたが）、それよりもスタジオに行って演じていることのほうが楽しい、と思うようになっていました。

とはいえ、現場では子どもだからといってちやほやされることは一切ありません。ガキンチョ扱いはされますが、それ以外ではみんな同じです。

いまのようにデータやらなんやらで切ったり貼ったり編集したりなんてことはできない録音技術でしたから、テープも13分くらいをワンロール、真っ暗なスタジオにマイクを立てて、フィルムの映像を見ながら一発で録って完パケにしなきゃいけませんでした。

あるとき、自分のセリフが最後にたったひと言あるという回がありました。大先輩たちがずっとNGなしで演じていて、最後に私がとちってしまい、当然頭っからやり直し。空気は最悪、視線も痛い。案の定、何度もとちってしまって、そのうち怖くて震えだす始末。それで服がすれたノイズが入ってしまい出番が来る前にストップ。舌打ちされたり、イライラさせている。結局最後まできちんと言えず、ごまかしたような感じでしたが、

「あー、しょうがない、もういいよ」

となりました。

この頃、自分が何をしているかははっきりとわかるようになっていましたが、それでも「仕事をしている」という感覚はありませんでした。ただ、演じるのが楽しいだけ。はっきり言ってしまえば、それはいまでも変わりません。

声の仕事はやりたくない

中学生のとき、はじめてアニメーションの声をやることになったのが『宇宙パトロールホッパ』の主役ジュンでした。宇宙の平和を守るSFヒーローものです。アニメというのもはじめてでしたが、主役というのも人生初でした。

ところが、本番収録は平日の朝。はじめのうちは学校を休んで本番に臨んでいましたが、

まだ中学生だったこともあり、さすがに毎週学校を休むことには問題がありました。いま考えればはじめから無理があるのはわかるような気もしますが、結局半分を収録したところで降板することになってしまいました。途中降板になったこともはじめての経験で、いろんな意味で思い出深く、とても残念で複雑な気持ちだったのを覚えています。

主役ジュンはその後、初代オバケのQ太郎を演じた曽我町子さんにバトンタッチ。

ちなみに、この作品ははじめてレギュラー番組で野沢雅子さんとご一緒した作品でもありました。野沢さんが演じていた「プー」は私演じる主人公の弟分という役柄でしたが、そもそも野沢さんは業界の大先輩。それまでも別の現場でお仕事をしたことがあったものですから、

「あんた、小さい頃おじいちゃんに連れられてスタジオ来てたわよねー」

なんて言われるような古い付き合いです。その後、長いこと所属事務所が一緒だったり、『ドラゴンボールZ』では激しいバトルを繰り広げる間柄になりますが、ずーっと頭が上がらない存在です。

「声優」という仕事が独立して語られるようになり、ブームが最初に訪れるのは60年代の洋画吹き替えによってだといわれています。ただ、それまでもそのときも、映画、テレビ

ドラマ、ラジオドラマなどで演じるのは俳優の仕事であり、はじめから声優という人はいません。私も俳優として、声の仕事もすればステージにも立ち、テレビにも出るという感じでしたし、何かを選ぶというよりも事務所がとってきたものを次から次へとやってきたわけで、依頼のあるがままに現場に向かっていました。

ただ、長じるにつれて、またいろいろと経験するにつれて、自分のなかではっきりとやりたいものが出てきた。それはテレビドラマです。

ところが、そこにスケジュールという問題が壁として立ちはだかっていました。さきほどの『宇宙パトロールホッパ』にしても、学業との両立という問題で降板せざるをえなくなったわけですから、ましてや仕事を選ぶなんてことは困難です。自分の都合で仕事を調整してもらえることはありえません。

当時の撮影環境もありますが、ロケがあるようなドラマですと、天候に左右されたりなんかで、作品のために長期間予定をあけておかなくてはいけません。レギュラー番組にしても、ある番組に出演が決まると、ほかの仕事は受けられない。

しかし、声の仕事がきてスケジュールもあいている、ということであれば、事務所としては受けない理由はありません。

中学生以降にはアニメ作品が増えてきました。『大魔王シャザーン』（海外アニメ。小林清志さんが声を当てたシャザーンの「ハイハイサー」「パパラパー」のセリフが印象的でしたね）では主人公である双子のひとりチャックを、『アニマル1』（中学生がレスリングでオリンピックを目指すスポーツもの）では主役の東一郎役で出演しました。いまにしてみればありがたいことですが、アニメのレギュラー番組をもつことで、ドラマの仕事ができないというジレンマをこの頃は強く感じるようになっていたのです。

「声の仕事はやりたくない」

事務所に対して、そんな生意気なことを言っていました。

高校生から20歳前後の頃は、うまく調整できるときにはドラマと声の仕事は半々程度でした。中学生のときよりは学業云々は言われませんでしたし、実際、学校ではほとんど寝ているだけでした。

ちょうどその頃には映画やテレビドラマでは、いわゆる「青春もの」が流行りだしていて、夏木陽介《なつきようすけ》さんや、森田健作《もりたけんさく》さんなどが主演のドラマが次々とつくられました。

私も桜木健一《さくらぎけんいち》さん主演の『刑事くん』や『太陽の恋人』などに出演させていただいて、ずっと東映の撮影所に通っていました。

とくに『太陽の恋人』は2クールくらいだったと思いますが、吉沢京子《よしざわきょうこ》さんがヒロイン役でした。私はそのとき20歳でしたが、「吉村」という高校の同級生で、勉強のできるガリ勉タイプを演じさせていただき、とても楽しかったのを覚えています。

しかし、そうした反面、ドラマの仕事が増えていくことはありませんでした。

曽我町子（そが・まちこ）……『オバケのQ太郎』（Q太郎）など。『太陽戦隊サンバルカン』『宇宙刑事ギャバン』などの特撮ヒーロー番組ほかテレビドラマにも多数出演。

小林清志（こばやし・きよし）……『ルパン三世』（次元大介）、『妖怪人間ベム』（ベム）、『スペースコブラ』（クリスタル・ボーイ）など。また洋画吹き替えではジェームズ・コバーンを担当している。

役者は生活するための職業ではない

私は中学3年生の頃からひとり暮らしをはじめていました。と言っても、その頃祖父母が経営していたアパートの6畳一間に住んでいたということです。アパートの管理は姉がしていたので、食事のときには姉のところへ行っていました。

幼い頃からなにかしら仕事をしていたわけですが、当時のギャラは祖父母が貯金してくれていて、高校生になる直前に、

「これで大学に行くでもよし。好きに使いなさい」

と、その預金通帳を渡された。そこそこのお金でした。でも勉強は嫌いだし、大学に行こうなどということは、そもそも頭にありませんでした。

「さて、どうしよう……」

とはいえ、自分が今後も芝居を続けていくことは、疑ってもいませんでした。ずっと生活の一部、人生の大部分だったわけです。そういう意味では「よし、俺は役者を目指すぞ」と決意したこともありません。このさきの役者人生をどのようにしていくか、だけが考えるべきことでした。

いろんな現場で役者としてやってきましたが、児童劇団あがりのままで、ちゃんとした演技の勉強をしたことがない。それならば俳優の養成所でも受けようかなとも考えましたが、行ってみたいと思っていた養成所がその矢先になくなってしまい、その選択肢も宙ぶらりんに。

「役者なんて食えない」

　というのがそもそもの私の考えでした。というより、昔からそういうものだという認識がありました。もちろん、俳優で食っていけている人はいます。ただ、それはほんの一握りのスターだけですし、私自身がそうなるというイメージはまったくわかない。ともかく役者は食えない、というのは、少し先のとある出会いがあるまで、私が頑なまでに決めつけていたことでした。

　それまでもずっとそうでしたが、私はお金のために仕事をしたことがありません。ギャラの高い安いで現場を選んだことはありませんし、ただ好きでやっていました。しかし、いざ、学生生活が終わり、就職のことを考えようにも、私は役者以外にやりたいものはなかった。でも、役者では生活することはできない。

　さて、どうすればいいか。

「好きな役者を続けるんだったら、生活の糧は別につくればいい」

　それが自分なりの結論でした。高校時代は役者の現場もこなしながら、アルバイトに精を出しました。役者といえど職業であり、仕事であるはずなのに、食い扶持としてはまったく切り離した考えでした。役者という仕事は夢や憧れでやるもので、お金がほしかったらそもそも別の仕事を考えるべきでしょう。

いまにして思えばよかったのかもしれません。なにしろ、役者を職業に選んだにもかかわらず、そのことでお金がないというのは悩みではありませんでした。それが当たり前で、なんの疑問も持っていなかったのですから。お金のことにむすびつけて仕事で悩むということはなかったのです。

役者が職業であり、仕事であり、生活するための食い扶持である、と思えるようになったのは本当にずっとずっとあとのことです。長年そんな感じでしたから、いまでもお金のことがちゃんと考えられないようなこともあり、よく怒られたりするのですが。

いまの若い人たちはそういう意味ではしっかりしていると思います。きちんと「この仕事で食べていこう」と考えているからです。ただ、「食えるようになるまで」は彼らもバイトをしているわけですから、考え方の違いはあっても、結局状況的にはあまり変わらないのかもしれません。

新宿二丁目に店を開く

祖父母から渡された預金の使いみちですが、高校在学中にもう少しお金を貯めて「卒業したら、飲み屋でも経営しよう」と考えるようになりました。

というのも、高校時代はそれほど役者の仕事もなく、夕方からは飲み屋でバイトし、夜中は別のお店で弾き語りをやって稼いでいました。いつも始発電車で朝帰りして、学生服に着替えてから学校に行って寝ていました。

もともと歌や音楽は好きで、中学生ぐらいのときにはちょうどバンドブームがあったものですから、ベンチャーズとかビートルズ、ローリング・ストーンズ、それからいわゆるグループサウンズとかの曲をやっていました。当時はギターケースを持っていれば、たとえギターが入っていなくてもモテる、という時代だったのです。

私もご多分に漏れず、学校のクラスメートとバンドを組んでいました。歌うのが好きだったものですから、はじめはボーカルをやっていましたが、ギターが脱退してからはギターも兼任していました。

そういういきさつもあり、深夜のスナックやバーで弾き語りのバイトをするようになったのです。弾き語りというといまの人たちには、「流し」とよく誤解されるのですが、似ているようでぜんぜん違います。「流し」と呼ばれる人たちはプロ中のプロです。どんなジャンルのどんなリクエストにも応えられる。

私がやっていたのは、簡単に言えばお店のＢＧＭ代わりの演奏や、カラオケ代わりの演奏などです。その頃はビートルズをはじめ洋楽ばっかりやっていたので、レパートリーも少なく、お客さんがリクエストしてくる「銀座の恋の物語」とかの歌謡曲や演歌なんかは、ぜんぜん不勉強で、ごまかしながら徐々に覚えていきました。

夕方からやっていたバイトのほうは、新宿にある樽小屋という当時一世を風靡したスナックでした。

そこでの仕事は目が回るほど忙しく、有名人も来るしで、とにかく繁盛していました。18時にお店に入って準備して、18時30分に開店すると、あっという間に満席になる。23時30分になると一旦お客さんには出てもらい、従業員が食事を済ませてから24時に再オープンするときにはまたオープンまちのお客さんでいっぱい。

そこで3年バイトしていましたが、その間も支店が2つ3つできてしまったり、なんでこんなに流行っているのか当時はわかりませんでした。スタッフはモデルをやっている男だったり、芸能志望の人だったり、男ばっかり。

このとき、常連のお客さんに「謎の紳士」がいて、

「きみ、なにやってんの」

「役者やってんすよ」

と、当時私は生意気盛りで、そんな口のきき方をしていましたが、役者を続けるための展望として、自分の店をつくりたくて物件を探しているというような話もしたらしく、

「いい物件あるけど、きみ、お金あるのか」

という思いがけない言葉が。怪しい、と思いつつ警戒しながら話していると、

「大丈夫、大丈夫、お金とりゃしないから」

まだ世間知らずで、ビジョンとしては自分のお店をもちたいと思っていましたが、実際どうすればいいかということはぼんやりとしかわかっていませんでした。

その人が言うには、

「改装費やら設備費やらでこれくらい、敷金やら礼金もかかるぞ。うーん、きみの手持ちじゃ足らないな。よし、私が貸してやろう」

結局その人の紹介で、新宿二丁目に7坪半のお店をオープンすることになったのです。

役者の仕事も時折あるし、ひとりじゃ難しいだろうということで、バンドをやっていた仲間と、さらにその紹介でモデルをやっていた若い男性、とはいっても18歳の私からすればふたりとも年上でしたが、3人体制ではじめました。

ちなみに新宿二丁目のこと、お店のオープンまで知らなかったんですよね。

ご存じない方のために補足すると、二丁目はゲイバーが多くある街として有名なところです。内見をするためにはじめて行きましたが、昼間だったたんで、

「ほかにもお店いっぱいあるんだー」

くらいにしか思っていませんでした。オープン後にまわりの店に挨拶に行ったら、

「むむ、これはなんかほかと雰囲気が違うぞ」

とはじめて気づいたわけです。

ちなみにお金を貸してくれた謎の紳士もそっちの方でした。この人、いまでも不思議で、詳しくはわかりませんが、きっとすごい人だったのでしょう。私が店の準備のために合羽橋に道具を買いに行くというと、

「いやいや合羽橋もいいけど、私の名刺を渡すから、百貨店で仕入れてきなさい」

「は？」

名刺で仕入れるとはどういうことか。半信半疑で百貨店で名刺を見せて、これとあれが欲しいと話すと、本当にお金も払わずに届けてくれた。

ちなみにお店の名前は「骨と皮」。私も一緒にやっていた仲間も痩せすぎていたところか

ら名付けられました。

二丁目という土地柄、集まる人たちはゲイの方が多く、必然、求められるのはゲイバーであろうと思いつつも、スタッフの誰にもその素養がなく、わりと場違いな感じで営業していたわけです。

お客さんとしては若い「ノンケ」（最近まるっきり聞きませんが、「その気がない」という意味です）がなんかやっているということで面白がられていたようでした。50年ぐらい前の話ですから、当時の二丁目はいまとは違い、オープンで明るくて楽しいお店よりも、敷居が高いというか、会員制クラブのようなお店のほうが多かったと思います。お客さんも、弁護士や政治家やら医者など、どう考えても私には縁のなさそうな人たちばかり。

謎の紳士もじつはその界隈の人だったようで、その紹介で来てくれている人たちがほとんどだったのです。はじめは役者仲間も来てくれていたのですが、みんな「場違い感」を覚えて寄り付かなくなってしまいました。

貧乏役者と縁のなさそうな方たちはまったくの別惑星から来たように羽振りがいい。樽小屋でアルバイトをしていた時代はニッカとかサントリーのシロが多かったと思いますが、当時高級だったダルマとかヘネシーをボトルで入れるような人ばかり。

「こんなに儲かるんだな」

本当に水商売だなというくらい儲かった。

おそらくそれぞれの場所で名のある大人たちばかりでしたから、私など子ども扱い。実際、ただ生意気なことをいうガキンチョでした。お客さんの話を聞くというより、むしろ聞いてもらっていたほうだったと思います。

「そっかー、がんばるんだよー」

なんて励まされたりしていました。

まだ高校を出たばかりの小僧でしたから、お店は人間観察や世間を知る場所でもありました。現代はなんでも「自動」「無人」になってしまって、人と接する機会も少ないですが、人間を観察するというのは役者にとっては重要で、それが多種多様であればあるほどいい。そう考えると、もしかするとこのさきも接点をもつことのない人たちばかりですから間違いなく貴重な体験だったわけです。

ただし「いまにして思えば、そうだったんだよな」ということです。当時はそんなふうには思えなかったし、あとあと思い返すたびに、

「あのときのあの名刺を捨てずにとっておいたら、いったい、いまどれだけのことができ

たであろうか！」

　と叫びたくなります。

　まあ、そんなこんなでお店はとても繁盛しましたから、謎の紳士に借りたお金も4年で完済することができました。そして、お金を返し終わったとき、

「これからは本当の自分の店として、役者仲間が集まって、芝居の話をしたりする場所にしたい」

　と伝えました。

「うん、いいよ。きみの好きなようにやってごらん」

「ありがとうございました」

　そうして、お店からは各界の名士たちが一斉に去り、役者たちが集まり、自由に談議し、そしてほどなく、店は潰れました。

　そりゃそうですよね。役者、カネ持っていないもの。ツケ払いも多かったし。役者を続けるために18歳でつくった「骨と皮」は22歳で幕となりました。しかし、私の役者人生にとっていちばん勉強になった4年間でした。

芝居のチケットが売れるはずがない

私の生活はまた役者の仕事が昼間あったりなかったりで、夜はバーでアルバイト、そのあと朝まで弾き語りをするという、高校生の頃と同じような生活に戻りました。違うことといえば学校に行く必要がなくなったくらいです。

その頃は俳協も辞めてフリーになっていましたが、声の仕事はあんまりやりたくない、でもドラマの仕事もないという状態が続いていました。

仕事がないんだったら、自分で芝居をつくってやりたい、そんなことを思っていたのもこの頃でしたでしょうか。

私が深夜にアルバイトで弾き語りをやっていたバーのひとつに、以前俳協に所属していた方がオーナーをやっているお店がありました。私がオーナーに「芝居がやりたい」という話をすると、

「だったらうちの店でやりゃいいじゃん」

と言ってくれて、小さなスペースを舞台にして、お店を使わせてくれることになったの

です。

そこで私ははじめてお芝居をすることになりました。自分で本を書いて、自分で演じる。いわゆる「ひとり芝居」。

題材は、その頃の若者に大流行していて、私も好きで読んでいた作家の五木寛之さんの小説から探すことにしました。そうして選んだのは単行本に収録されている「ダブル・クラッチ」という短篇。もともと主人公のモノローグからはじまる一編で、それを一人用に台本を構成しました。

それこそチラシなんかも手づくりしていました。お店に迷惑をかけられませんから、ちゃんと料金をとって売り上げにして、30人くらいのキャパでしたから、知り合いだのなんだのに声をかけて来てもらった。

とにかく体を使って生で演じる芝居がやりたかったのです。

そうこうしてしばらくひとり芝居は続けていたのですが、あるとき、神谷明さんがお店に見に来てくれたのです。少し前に『ゼロテスター』というアニメーションで共演していました。このアニメはのちに『機動戦士ガンダム』を手がける富野由悠季《とみのよしゆき》さん、安彦良和《やすひこよしかず》さんら錚々たる面々がスタッフに名を連ねていた作品です。

そこで主役の吹雪シンを演じていたのが神谷さんだったのです。神谷さんは同じ頃、『バビル2世』でも主演しており、声優業界でも人気の売れっ子でした。

このとき、どういう経緯だったかは忘れましたが、とても盛り上がり、

「一緒に芝居をやろうよ」

ということになったのです。

それぞれが声優仲間のパートナーを誘ってのふたり芝居。神谷さんは潘恵子さんと、私は同じく『ゼロテスター』で共演していた麻上洋子さんと。

このときは50人収容くらいの会場でしたが、人が入り切らないほどの大盛況でした。

私にとっては「役者は食えない」と同じくらい「芝居のチケットは売れない」が定説でしたから、驚いたのなんの。

またあるとき、「神谷明ワンマンショー」をやるというので、私もゲスト出演させてもらうことに。場所はなんと日劇（日本劇場。現在の有楽町マリオン。収容キャパ4000人）。私からすれば学校サボってウエスタンカーニバルを見に行ったような、憧れの場所だったものですから、

「あの日劇に出られるんですか！」

と信じられない気持ちでした。

しかし、神谷さんの人気は絶大です。なにしろ、1974年放映の『宇宙戦艦ヤマト』にはじまるとされる第二次声優ブームの頃でした。3日間の公演を計画したのですが、なんとチケットがたった1日で完売したのです。

私はそのなかの寸劇でアニメキャラみたいな扮装をしたり、裏方としてお手伝いをしたり、神谷さんに「旅人ひとり」という楽曲を提供したりという役回りで一緒にやっていました。

そのときのイベントを仕切っていたのが、私が現在所属する81プロデュースの社長・南《みなみ》沢道義《さわみちよし》氏だったのです。当時は青二プロダクションで神谷さんのマネージャーを務めていました。社長（長らくそう呼んでいるので、本書ではずっとそう表記しますが）は、その頃から、

「一緒にやろうよ」

と声をかけてくれていましたが、私は声優はやりたくない。

「声優の事務所？　芝居をやりたいんで……」

と言って突っぱねていました。

じつのところ、声の仕事をすればするほど、よけいに芝居がやりたくて仕方なくなっていたのです。舞台の生の感覚も覚えてしまったから、ますます乗り気じゃありませんでした。ただこの時、ふとしたことが頭をよぎりました。

（そういえば小さい頃からやっているけど、事務所に誘われたのははじめてだな……）

人生を変える重要な出会いだったと気づいたのは、もう少しあとのことです。

神谷明（かみや・あきら）……『キン肉マン』（キン肉スグル）、『北斗の拳』（ケンシロウ）、『シティーハンター』（冴羽獠）、『うる星やつら』（面堂終太郎）、『ドカベン』（里中智）など。

潘恵子（はん・けいこ）……『機動戦士ガンダム』（ララァ・スン）、『聖闘士星矢』（城戸沙織）、『アルプス物語 わたしのアンネット』（アンネット・バルニエル）、『愛の若草物語』（メグ）など。

麻上洋子（あさがみ・ようこ）……『宇宙戦艦ヤマト』（森雪）、『銀河鉄道999』（クレア）、『ポールのミラクル大作戦』（パックン）、『シティーハンター』（野上冴子）など。

フォー・イン・ワン結成

芝居は楽しい。なんともいえない充実感がありました。

この頃から現在まで私は欠かさず舞台に立つようになります。

神谷さんとやったふたり芝居が入り切らないほどの大盛況だったというのは前述の通り。それを見に来ていた私の役者仲間の内田直哉《うちだなおや》（彼も子役あがりの俳優です）も驚いたらしく、そのカラクリを知りたがりました。

「いや、これは神谷明というね、すごく人気のある声優さんがね……」

と説明すると、

「そうか！　じゃあ彼を入れて芝居をやろう」

と、なんという単純な発想！

しかし、神谷さんはのってくれて、私と神谷さん、内田直哉、福沢良一《ふくざわりょういち》（同じく私の役者仲間で、『ウルトラマンタロウ』の主題歌を歌っていました）の4人で「フォー・イン・ワン」という芝居ユニットを結成したのです。

「フォー・イン・ワン」はもともとは最初にやった芝居のタイトルだったのですが、いつの間にかユニット名のようになりました。

自主制作ですから、それぞれの連れにチラシやチケットをつくるのを手伝ってもらいながら、手づくりでやっていました。

はじめは伊勢丹前の小さな芝居小屋が会場でしたが、なにしろ神谷人気で連日大盛況。福沢の紹介で演出家の青井陽治《あおいようじ》さんと知り合ったのは、2度目の公演のときでした。青井さんはちょうどニューヨークから戻ったばかり。彼は私たちのために『バースデーゲーム』という脚本を書いてくれました。

そのとき、評判を聞きつけた池袋の文芸坐の支配人が観に来ていて、新しくできる劇場（ル・ピリエ。1979年7月）でのこけら落とし公演をやってみないかと声をかけられました。そうして1週間の公演をやらせてもらえることになり、今度はそこに大阪の三越の支配人が見に来ていて、公演をオファーされたのです。

「おいっ、すごいぞ。芝居でお金がもらえるなんて」

「どうしよう、いくらもらう？」

なんて舞い上がっていました。

三越劇場での公演は、それぞれの仕事のスケジュール（とくに神谷氏は売れっ子だったので）の都合もあって、1日限りのイベントのような公演となりました。

なんと9時、12時、15時、18時の1日4回公演。

これを最後にフォー・イン・ワンのメンバーはなかなか集まれなくなり、結局4回で最後ということになりました。その後、私は声優でも神谷氏と共演はあまりないですが、友人としての付き合いはずっと続いていますし、いまでもフォー・イン・ワンのメンバーは年に1回集まります。

あんた、なにがやりたいの？

フォー・イン・ワン結成の少し前ですが、私生活では結婚をしました。

もし結婚するようなことがあれば同業（役者）とは絶対に一緒にならないとだけは決めていました。生活の苦労も2倍になるし、共倒れになる可能性もありますから。そもそも結婚についてあまり考えておらず、するにしても30過ぎかなという感じでした。

24歳のときでした。二丁目のお店も潰してしまい、仕事もあまりなく、記憶が定かではありませんが、プライベートでもいまいちなことがあって、グアムにひとり旅をしました。傷を癒やすというより、なにかもうヤケクソな気分で旅に出たのでした。出発の羽田空港からずーっと酒を飲んでいたのを覚えています。グアムに着いてからも、とくにすることがなく、ひとり浜辺で寝っ転がっていたら、

「写真撮ってください」

と声をかけられたのがいまの奥さんです。グアムなんてカップルや家族で行くものですから、へんな一人旅のやつがいると悪目立ちしていたんだろうと思います。

「よかったら一緒に写真撮りませんか」

と言われ、あとで写真送るから住所と連絡先教えて、と。当時言葉としてあったかどうか、いまだったら「逆ナン」とかいうやつですかね。

そうして東京に帰ってくると、本当に電話がかかってきて、付き合いがはじまりました。人生なにが起こるかわかりませんね。

妻は当時働いていて、私よりもよっぽど生活力がありましたから、彼女のマンションに転がり込んで、その翌年には結婚というスピード婚でした。

先述の通り、神谷さんと一緒に芝居をやっていた頃で、お金のない私たちのために役者

仲間が小さな結婚式をやってくれました。司会はなんと広川太一郎さん。『ゼロテスター』でご一緒した縁で「俺がやってやるよ」と。おそれおおいことです。

ちなみに、幼い頃から仕事に関しては本名の竹尾智晴でやってきて、その後、一時期、南《みなみ》谷《や》智晴《ともはる》という芸名を使っていたことがあります。ですから、古い仲間からは「ともちゃん」と呼ばれることが多いです。

現在の「中尾隆聖」という芸名は結婚した頃に姓名判断で付けていただいたものです。

「晩年にいい運勢になる！」

ということでいただいたのですが、まだ若かったので、

（晩年つったっていくつまで生きるかわからんし、いまがいいほうがいいけどな……）

と思いつつ、いまではとても気に入っています。

ともかく、結婚後も、役者としていただける仕事はなんでも引き受け、夜から翌朝までアルバイトの生活は変わりませんでした。弾き語りの仕事はお金もよく、1日で2、3本やっていれば60万円ぐらい稼ぐこともあり、生活にはまったく困らない。そうしていれば、その先も妻を食べさせていく自信もありました。

しかし、ある日、妻に言われたのは、

「あんた、なにがやりたいの？」

「なにって、役者に決まってるだろう」

「だったらバイト辞めたら？」

「なに言ってんだ。辞めたら食えないだろう」

私のなかで当たり前のことも他人から言われると不思議なものです。本当に私は役者なんだろうか。

「役者は食っていくための職業ではない」と同じくらい私のなかでは「役者は他人に人生の相談をしない」というのがありました。役者というよりは自分ルールみたいなものですが、とにかく好きなことをやって好き勝手に生きているんだから、弱みを見せたり、愚痴ったり、悩んだり、そういう姿を人には見せてはいけないものだと考えていたんですね。

むしろ、「バカヤロー、なにやってたって生きていけるさ」などと飲んでくだ巻いているくらいでした。強がっているつもりはありませんでしたが、まわりからは生意気にうつっていたことでしょう。ですから、そんな私に、

「お前、大丈夫か」

と声をかけてくれる人もいません。仕事仲間や、事務所を経営している人、マネージャー

をやっている人、当時いろいろ知り合いはいましたが、「一緒にやろうよ」なんて言う人はひとりもいませんでした。

いいえ、厳密にはただひとりいました。それがいまの事務所社長です。声優はやりたくないと突っぱねた私を一度ならず誘ってくれました。私の生意気な態度も、役者として食えていないことも見透かしたうえで、声をかけてくれたのです。

いまでも忘れられない社長の言葉があります。

「ともちゃん、そうは言ってもさ、食えるようになろうよ」

高校生のときに自力で生活するようになってから、20代の終わり頃までもっていた役者という職業に対する私の仕事観や態度は、頑なすぎたのかな、といまでは思います。

当時の私もはっきりとではないにしても、薄々感じはじめていたのではないかと思います。いずれにしろ20代に出会った人たちのなかで変わっていったのは間違いありません。

1979年、青二プロダクションから独立した「ぷろだくしょんバオバブ」に社長（南沢さん）も一緒に移っていましたが、私はそのとき誘いを受け、お世話になることを決めました。

水商売も深夜の弾き語りも辞めました。

そのかわり家賃のかからない祖父母のアパートに妻と一緒に引っ越すことにしました。6畳一間、風呂なしの部屋。再スタートというほどおおげさなものではありませんでしたが、それまでポツリポツリとしかなかった仕事が入ってくるようになったのですから、不思議なものです。

広川太一郎（ひろかわ・たいちろう）……『宇宙戦艦ヤマト』（古代守）、『名探偵ホームズ』（ホームズ）など。洋画吹き替えでは「モンティ・パイソン」のエリック・アイドルをはじめ、マイケル・ホイ、トニー・カーティスを多く演じている。

81 プロデュース

私の人生の転機は間違いなく、南沢道義という男に出会ったことです。

ぷろだくしょんバオバブに当時いたのは、水島裕さん、井上和彦さん、吉田理保子さん、富山敬さん、石丸博也さんなど。青二から、若手からベテランまで多くの声優が一緒に移籍してきました。

この頃、ニッポン放送でラジオドラマ『飛べ！京浜ドラキュラ』（１９８０年）が制作されましたが、これはのちの１９８２年には劇団薔薇座の野沢那智さんを迎えてミュージカル舞台となりました。多くの声優が参加する演劇は当時としては珍しかったようです。

そのうちバオバブのなかに社長（南沢さん）を中心に「81プロデュース」という企画室がつくられました。これが現在の事務所の前身です。81というのは創設年のことでその前年から準備は進められていました。

新規の事業を考える企画室ですから、あれをやろう、これがやりたいなんて、みんなでアイディアを出し合っていました。私ははじめから「芝居がやりたいです！」と言っていましたね。

ところが、それから間もなく、社長が姿を消してしまった。バオバブのスタッフからの電話で知りました。

「南沢な、辞めたぞ」

「えっ」

私たちにはひと言の相談もありませんでした。まさに青天の霹靂。

「お前はどうするんだ」

事務所のスタッフは言います。バオバブから見れば、私たちはバオバブの仕事もろくにしないで、好き勝手にやっているやつらのように思われていたのでしょう。それにマネージャーがやめると役者が一緒についていってしまうということも当時は結構ありましたから、そんなことを聞かれたのだと思います。しかし、私を含めのちに81に合流する人たちは誰も引き抜きの勧誘などはありませんでしたし、それどころか退職することすら知らなかったわけです。

「どうするんだもなにも、私は南沢に拾われた男ですから。明日、ちゃんとご挨拶にうかがいますが、すみません、辞めます」

私自身、バオバブにお世話になっていたけれど、社長とどこまでも一緒にやろうと思っていました。

ですから、なにか考えをもって行動したというよりは、私は自分から辞めて社長を追いかけていったというのがなりゆきです。社長を見つけ出したときも、なんで来たんだという態度でした。

「いやいや、俺はもう辞めたんだから」

「いやいやじゃない、あなたに拾われて入ったんだから、だめだよ」

一緒にやる、やらないの押し問答が繰り返されました。もしかしたら社長は本当にプロダクションをやるつもりはなかったけれど、私たちが押しかけてきたから仕方なくだったのかもしれません。

そうこうして、81プロデュースは創業することになりました。立ち上げ時のメンバーは4人……と、私は思っているのですが、社長が言うには5人だとか、いやいや6人だったとかなぜか見解が異なります。

ともかくそれくらいの人数で、原宿のビルに8畳程度の部屋を借りてスタート。私たちは「三角部屋」と呼んでいましたが、ドアを開けたら社長の机がすぐにあるような小さな事務所でした。それでもこれからはじまることにみんなワクワクしていました。夢と野望は高く、「自社ビルを建てるぞ」なんて言っていました……が、本当に建てちゃいましたから。人が増えていくたびに、原宿、目黒と賃貸の事務所を転々としていましたが、創立からおよそ14年後の1995年7月に代々木に自社ビルを建ててしまいました。

しばらくしてそこも手狭になり、2つ目のビルを建てました。3つ目に、いまは外国映画のアフレコスタジオにしているオフィス、さらに養成所「81アクターズスタジオ」や「声優神社」のある笹塚のビルを持つことになり、オフィスは現在、ぜんぶで4つということになります。

いまでは2つ目をオフィスビル、いわゆる本社にして、最初のビルは改装してアフレコスタジオに。本社には2階にアニメの音響制作チーム、3階は洋画吹き替えの音響制作チームのフロアにして、当時の業界としては珍しく制作部門にも本格的に参入しています。

有言実行どころか、あのときはこれほどのことになるとは誰も想像がつかなかったことでしょう。

そして、「役者だけで食えるようにする」という言葉も社長は守ってくれた。

私が乗り気ではなかった声優としての仕事を、どんどんとってきてくれて、私も期待に応えようと仕事に励みました。また、私がやりたかったドラマや舞台の仕事もやらせてくれました。本当に感謝してもしきれない思いです。

当時は所属俳優も少なかったので、現場には社長自らがマネージャーとしてついてきてくれましたが、社長がすごいなと思ったのは、舞台の現場でキャストと顔合わせするとき、

「『声優』の中尾隆聖です」

と「あえて」そういう紹介をしていました。そうすると役者のみなさんは驚く。

「声優さんて、お芝居もうまいんですね」

「声優さんて踊れるんですね」

「声優さんて歌うまいんですね」

といちいち驚かれる。すでにお話ししたとおり、当時はそれぞれの領域にプロがいて、隔たりがありましたから、声優というものがいくらブームになっていても、別業界の人たちにまでは届いていません。そんなものですから、ふつうにお芝居していても私個人の評価はよくなります（もちろん、いつも以上に一生懸命やるわけですが）。

それに、声優というだけで舞台の現場などでは、

「ああ、アニメのね」

という感じでしたから、私がいい仕事をすれば声優業界の評判にも一役買うことができるわけで、そういう狙いも社長にはあったわけです。

また、声優の現場では、

「中尾は舞台などをやっているもので……」

という触れ込みで紹介し、声の仕事もうまいな、と思わせる。いろいろやっていながら、どちらの世界でも知名度のなかった私を社長はうまく売り込んでくれていたのです。

「なんだって使えばいいんだよ」

本当に運命がこのとき変わったように感じました。いまとは業界の雰囲気もずいぶん違いましたから幸運な部分もあったろうと思います。いずれにしろ私にとっての大きなターニングポイントだったのは間違いありません。

水島裕（みずしま・ゆう）……『一球さん』（真田一球）、『六神合体ゴッドマーズ』（明神タケル）、『魔法の天使クリィミーマミ』（大伴俊夫）など。洋画吹き替えでは「スター・ウォーズ」シリーズのルーク・スカイウォーカー役や、サモ・ハン・キン・ポー出演作を多く担当している。

井上和彦（いのうえ・かずひこ）……『サイボーグ009』（島村ジョー）、『とんでも戦士ムテキング』（遊木リン）、『太陽の牙ダグラム』（クリン・カシム）、『赤い光弾ジリオン』（チャンプ）、『NARUTO—ナルト—』（はたけカカシ）、『夏目友人帳』（ニャンコ先生）など。

吉田理保子（よしだ・りほこ）……『侍ジャイアンツ』（番場ユキ）、『アルプスの少女ハイジ』（クララ・ゼーゼマン）、『魔女っ子メグちゃん』（神崎メグ）、『未来少年コナン』（モンスリー）、『まいっちんぐマチコ先生』（麻衣マチコ）など。

富山敬（とみやま・けい）……『タイガーマスク』（伊達直人）、『侍ジャイアンツ』（番場蛮）、『宇宙戦艦ヤマト』（古代進）、『銀河鉄道999』（大山トチロー）、『ヤッターマン』（ナレーター他）、『銀河英雄伝説』（ヤン・ウェンリー）など。

3章

声の演技

人に教えるなんてまっぴら

81プロデュースが創業してから、しばらくした頃だったでしょうか。まだまだ所属俳優は少なかったですが、社長が事務所に若い役者を次々と連れてくるようになりました。顔も広いし、人脈づくりに長けた人ですから、劇団やフリーでやっている若い人に声をかけたり、かけられたりでいつのまにやら集まってきました。そうした連中がある程度増えてきたときに、社長から、

「若い連中にいろいろと教えてやってくれ」

と言われました。それが現在まで私が養成所の講師をやることになるきっかけです。

私はこのとき、即答しました。

「いやですよ」

児童劇団あがりで、さまざまな現場は経験していたものの、本格的な演技の勉強をしたことが一度もありませんでした。高校生くらいの頃に養成所に入ろうかと考えたことはあるものの、結局行かずじまいだったため、そんなことでは、どう教えていいのかもわかり

ません。

だから、人に教えるなんて「無理」でしたし「いやだ」と。それと、語弊があるかもしれませんが、講師というのは「売れない役者」「一線から退いた人」、つまりは現場仕事から離れた人がやるものだと思っていましたし、業界的にもそういう感じだったのではないかと思います。だからものすごく抵抗がありました。

いろいろ言って逃げ回っていたんですが、結局、しぶしぶながら引き受けることに。

とはいえ、やはり「教える」なんてできませんから、はじめのうちは「勉強会」というようなかたちにして、台本の読み合わせをやったりするような程度でした。

たとえば若い子が明日オーディションを受けると言ったら、その台本をもってきて「じゃあ読んでごらん」と一緒に稽古する。

「うん、いいと思うよ」とか「俺だったらこんなふうに読むぜ」なんてことをやって、それで後日「どうだった？」「だめでした」「そーかー」なんて。教えるというよりも、アドバイス程度のものでした。

勉強会をはじめた頃は、5～6人でしたが、そのあともどんどん人数が増えてくる。

そうなるとちゃんとしたところを借りてやらなきゃいけないし、きちんとしたものにしなきゃいけない。その頃事務所には辻村真人さんや、劇団薔薇座出身の鈴木清信さんなどベテラン俳優さんも所属するようになっていましたから、基礎についてきちんとカリキュラムをつくるようになっていきました。

　時期的なことははっきり覚えていませんが、初期の頃にそういった場所で一緒にやっていたメンバーには、のちにドラマティック・カンパニーで私の盟友となる関俊彦さん、それから高山みなみさん、佐久間レイさんなどがいました。彼らはそのまんま事務所の看板声優としてのちのち売れっ子になります。

　いまはあちこちにある声優養成所ですが、当時はまだ少なく、養成所を名乗るのであれば、きちんとしたものにしようと、所属俳優みんなで話し合ったり、教えるための勉強をしたり。はじめてそういう取り組みを本腰を入れてやるようになったのです。とくに私はそうした経験が不足していましたから、ともかく演劇論やら実践書などを読み漁りました。

　ただ、そうした専門書籍を読んだ感想は、

「読むのがたいへーん。なんだか小難しい」

　だけど、理解できると、

「なんだ、そういうことか。なら俺もやっているよ」

そういうことが多いことに気づいたんです。現場でもまれるうちに身につけたものが、理屈として言葉になっているだけだと感じたのです。

そうすると、本にはこういうふうに難しく書いてあるけど、俺だったらこんなふうに言い換えられるかなと考えられるようになります。無意識だったものが意識的になる。

そうして言葉にしてみると、「ああ、自分はこんなふうに考えて演じてきたんだ」というのが改めてわかる。自分の経験が言語化されてはじめて客観的に考えられるようになったんです。

これは発見でした。

辻村真人（つじむら・まひと）……テレビドラマや映画での俳優、洋画等の吹き替えにおいても名脇役として多数出演。とくに「仮面ライダー」シリーズでは多くの怪人の声を担当。アニメでは『忍たま乱太郎』の大川平次渦正（学園長）役を長年務めた。

鈴木清信（すずき・きよのぶ）……野沢那智主宰の劇団薔薇座出身。アニメでは『機動戦士ガンダム』（ハヤト・コバヤシ）、『へうげもの』（今井宗久）など。

関俊彦（せき・としひこ）……アニメでは『F－エフ』（赤木軍馬）、『赤い光弾ジリオン』（JJ）、『天空戦記シュラト』（修羅王シュラト）など。『仮面ライダー電王』ではモモタロスの声を務めた。また、1989年から1997年までNHK教育テレビ『ふえはうたう』でふえのお兄さん（トシくん）として出演。

高山みなみ（たかやま・みなみ）……『魔女の宅急便』（キキ）、『名探偵コナン』（江戸川コナン）、『ミスター味っ子』（味吉陽一）、『楽しいムーミン一家』（ムーミン）など。

佐久間レイ（さくま・れい）……アイドルとして芸能界デビューし、1985年以降は声優としても活動を行う。『それいけ！アンパンマン』（バタコさん）、『らんま1／2』（シャンプー）、『楽しいムーミン一家』（ミイ）、『おねがいマイメロディ』（マイメロディ）、『魔女の宅急便』（ジジ）など。

教えることで自分の芝居がわかる

一度そうすれば次は言葉で伝えられるようになる。教えることが自分の勉強にもなるなんてはじめて知りました。人に教えるなんて、えらそうだし、やっていて歯がゆい。だけど得るものが多い。

人に教える、自分でもやってみる、そうするとその人がどこができないのかもわかるようになる。「ああ、ここがポイントなわけね」

そういうことを繰り返しているうちに、既成品ではない自分のカリキュラム、教え方ができあがっていったのです。

1年目はこういうことをやるといい、2年目はこれをやるかな、というある程度の型ができてくる。型ができると、それぞれの個性に合わせた指導もできるようになります。最初は試行錯誤だったけれど、授業についてはそんなふうにブラッシュアップされていきました。

初期の頃に教えていた役者で、その後ドラマティック・カンパニーで一緒に芝居をやるようになった人からは、

「当時の中尾さんは怖かったですよ」

とよく言われてしまいますが、

「そうじゃないんだ。俺のほうが怖かったんだよ！」

だって教える立場ですから、きちんと教えてあげられなきゃいけない。とはいえ自信がない。生徒がなにがわからないのかすらわからない。そんなプレッシャーがあったものですから、

「質問するなよ」

「なにも聞くなよ」

というオーラを全身から発していたのは間違いありません。

「そうだったんですか。近寄れなかったですよ」

はい。思いっきり壁ができていたんだと思います。

いまでも新しい子を教えるのは緊張します。かなりなれてはきましたが。はじめてレッスンするときに教室に入るドキドキ感は仕事とはまったくの別物。

みんな夢があって、やる気もあって、キラキラ眩しい。

「さぁ、今日は何を教えてくれんの？」

という視線が20も30も突き刺さります。いろんなことを聞いてくる、それを迎え撃ちながら自分も学んでいく。そうしてよくわかったのは、

「よし、今日はこういうことを教えてやるんだ」

という気持ちで向かうと、なんにも教えてやれないんだということです。

これがこうだろ、だからこうだろ、ほらこうだろ、なんて結論ありきで持っていったとしても思ったとおりになんかならないんです。そんな正解みたいなものは芝居のなかにはないんです。ある程度のことはかたちとして教えられても、それをどう使うかはそれぞれ違う、ということです。

それがわかってからは、先生然としていなきゃいけないというプレッシャーから解放さ

れて、すぐに答えられないものは、

「うん、私もわからん」

と平気で言えるようになりました。そして、じゃあ一緒にやってみよう、考えてみようと言います。

芝居で悩むときは本人もどこができていないのかがはっきりとはわからない。だから、ちょっとした課題を与えて、なにかが返ってきたときにその反応をひとつずつ見ていくとこちらも気づくし、本人も気づくことがある。ライブといいますか、即興的な掛け合いで良くなっていくというのは、芝居の面白いところです。

ちなみに、養成所は以前、3年間みっちり行っていて、最後は研修生たちで卒業公演の舞台をやっていました。いまはたったの1年です。このへんもスピード時代の要請というか、志望者のほうでも、3年も待てないという流れのようです。私としては1年でどれだけのことができるだろうと思いますが、いずれにしろ役者は現場がある日もない日も研鑽につとめなければならないのは変わりません。

うまくやろうとするな

自分で言うのもなんですが、若い頃の私はとんがっていました。いまでもわりと変わっていないと思っていますが、まだ若手の頃は、先輩たちからすれば「生意気なやつだな」と思われていたことでしょう。実際、尊敬する先輩はたくさんいたけれど、「俺があのくらいの年になったら、余裕で追い抜けるぜ」

といつも考えていました。生意気でしょ?

昔の先輩はおっかなかったし、優しく手取り足取り教えてくれる人なんていませんでした。かっこいい言い方をすれば、私のことなど眼中にない先輩たちの背中を見ていることしかできない。

でもその人がこちらに向き直って優しく手を差し伸べてきたときには、

「あ、こいつはもう抜けるな」

まあ若いときはそんな感じでした。

馴れ合いのようなことはなかったし、実力の世界ですから、みんな凄まじい熱量で演技に

取り組んでいました。だから私も「うまくなりたい」という一心だったんです。いまじゃ考えられないかもですが、

「やめろ、帰れ、死んじまえ」

なんて言葉がふつうに飛び交っていた。おかしな話に聞こえるかもしれませんが、先輩に言われてうれしかった言葉は、

「へたくそ」

演技に対する言葉ですから、評価に値しているということです。

「やった。へたくそって言われた！」

ガッツポーズですよ。そこから、いつか「うまい」と言わせてやる、なんだったらギャハハ、フンと言わせたいと。

いまの時代とはまるっきり違うのは、もちろんわかっていますし、とある講師が「やめちまえ」って言ったら本当に来なくなったという話もありました。劇団などではいまでもそんな雰囲気ですから、言いたい気持ちはわかりますが、それがいまは通じません。

養成所の入所オーディションも狭き門であって、講師も研修生自身も真剣にプロになることを目指さなくてはいけませんから、厳しさがあるのは当然のことです。授業料で稼ぎ

たいなら、来るもの拒まずで、いつもニコニコしていればいいのですから。

なにかに「なりたい」と憧れる人は多いですが、役者なんかは資格もなにもありませんから「なる」ものというよりは、やっているかやっていないかだけです。やめるもやめないも実際にはあるようでないんです。

私はずっと「うまくなりたい」と、それだけでした。ある理想像があって、早くそこに到達したいという気持ちでやっていました。このまま続けていれば役者として完成すると思っていた。だから20代のときは早く30代になりたかった。

「30になればあの人たちと対等に話ができたり、歌ももっとうまく歌えたり、あのくらいの芝居はできるようになるだろう」

そんなことばっかり考えていました。それで実際30代になったら、

「うーむ、まだまだだな。役者は40からだ」

40代になったら、

「うーん、50か。50になったら大人の芝居だろうがなんだろうが、いろいろと表現できる」

50歳のときには「60か（以下略）」。

いまになってようやくわかったのは、やっぱりへたくそなんだということです。完成す

ることなんかありえない。うまくなりたいという気持ち、うまいと言ってもらいたい気持ちで芝居することは年を重ねるごとに変化していき、「へたくそでいいんだ」と思えるようになりました。それからはすーっと演技がラクに、より楽しくなってきたんです。そうすると、いままでとは違う世界が見えてきます。皮肉なもので表現には一段磨きがかかる。だからいまがいちばん楽しい。

いま、養成所の若い人たちに口癖のように言っている、

「うまくやろうとすんじゃねーよ」

というのは、昔の自分に言ってあげたい言葉なんです。

「ふつう」を見つける技術

真に迫るとか、リアルな演技という褒め言葉があります。しかし、映画でもドラマでも多くの誇張やデフォルメが含まれています。実際、ドラマのセリフを日常生活で聞いたり、口にしようものなら、「芝居じみたセリフ」なんて思うことでしょう。現実には見かけないのに、なんで「リアル」「うまい」と感じるのでしょう。それはひとえに作品の世界観

にとってのナチュラルなんです。現実のそれとは違う。だから作品の世界観からズレたり、はみだすものは「違和感」をもたれてしまいます。

役者はその世界観をまず理解しないといけません。そして、それは作品ごとにまるっきり違います。アニメの世界だとそれはより顕著です。アンパンマンの世界観とガンダムの世界観はまるっきり違うといえば、わかりますよね。

私も若い頃には先輩や監督さんから、

「ふつうにやれよ」

ということをよく言われていました。いまでも養成所で生徒たちにいいます。

おわかりかと思いますが、演技においての「ふつう」とは、実生活の「日常」を指しません。

勉強中の若い子はそこで勘違いしてしまうことが結構あって、本当にふだんどおりにしゃべってしまう人が多くいます。ふつうにしゃべっているように聞かせるためには技術を身につけなくてはいけないということがなかなか伝わりづらい。

アニメやゲームが大好きでやってくる人が最近は多いですから、自分の好きな作品の声の当て方が声優的に当たり前だと思っていて、そういう声の出し方をする。そういう人に

「ふつうで」ということは、演技をしないということになってしまう。

違和感のない、作品やキャラクターに合わせた声の出し方、口調は毎回探さなくてはいけません。私は「匂いを探す」とかいう言い方をすることもありますが、演技におけるナチュラルはぜんぶ異なります。シリアスなのか、コメディなのか、ミステリーなのかSFなのか、時代劇なのか、立ち位置、文脈、いろいろと嗅ぎ分けられなければいけません。

「いいんだよ、もっとふつうで」

言葉では伝えづらいので私もついつい言ってしまいがちです。声優は声だけで演技をするわけですから、「ふつうに聞かせる」にはきちんとした技術が必要で、ごまかしがききません。

これまで多くの作品がつくられてきて、観ている人たちにも違和感のないアニメ的な声の当て方というのは、ある程度、共通認識がつくり上げられていることもあるとは思います。

実を言うと、養成所に合格してやってくる生徒たちは、いまのアニメで求められている一定の水準でいえば、かなりうまいんです。

大好きなアニメやゲームを見て、そういうキャラクターを演じたい、そこを目指してきているからそういう声の出し方はみんな上手なんです。

そのことについては否定しませんが、でもそれだとみんな同じということになっちゃう。つまりは個性がないわけで、誰でもいい人のひとりになっちゃうんです。役者をやるからにはこの人をキャスティングしたいと思われたいですし、教えるほうとしてもその人ならではの魅力を引き出してあげたい。

表現に関わる人はわりと「自分は特別」という自意識があって、言ってしまえば性格が曲がっている人たち、はみだし者……言い過ぎですかね。ともかくそういう人が昔は多かった。ところが、いまの人たちは一定の型にはまろうとしている節があります。役者という仕事を考えればつまらないことですし、もったいないことだと思います。

最近は声優がメインにキャスティングされないアニメも多くあります。宮崎駿監督の劇場アニメなどでは意図的にキャスティングされていると思います。

テレビや映画、舞台の俳優さんなど「生の人」という言い方を私やまわりではしていますが、他のアニメとは文脈が異なっているからこその魅力があります。

私たち声優がなかなか仕事をさせてもらえないのは寂しいですが、それも作品の世界観というものだと思います。アニメ的なものが必要とされないというのであれば、もちろん役者としてはどちらもできる、生の人たちとやっても違和感なくできるようになっていたいと考えます。私はそういう意味で舞台に立って芝居をやったりすることは表現力においても大事ではないかと思っています。

違和感といえば、最近のアニメでは日本全国いろんな地域を舞台にした「ご当地もの」もよくつくられるようになり、キャラクターが方言を話すことも増えてきました。もともと、関西弁に関しては早いうちからキャラとしてはわりと多くいます。

私はいわゆる「チャキチャキの江戸っ子」なのですが、どういうわけか「えっ、中尾さん、関西出身じゃないんですか」と勘違いキャスティングされたこともあります。中学校野球部を描いた『キャプテン』の近藤、オートバイ競技を題材にした『バリバリ伝説』で演じた聖秀吉、教育テレビの人形劇『ハッチポッチステーション』のエチケットじいさんなども関西弁です。

いちおう方言指導の方がつくのですが、じつのところ関西弁がいちばん難しい。難しいというか厳しい。方言のなかでもメジャーであること、関西弁とひとくくりにいっても大阪のなかだけでも違うこと、関西の方はツッコミが厳しいことなどが挙げられます。

クレームも多いんですよね……。昔は女優で浪花千栄子《なにわちえこ》さんという方がいて、この方の言葉が生粋の大阪弁といわれていましたが、いまはどこが基準ともいい難いです。

ちなみにいろんな方言をやりましたが、いちばん難しかったのは京都弁。西陣を舞台にした話だったのですが、あがりさがりの音の調整がとりにくい。ちなみにうちの劇団（ドラマティック・カンパニー）は関西出身者が多く、稽古でも飲み会でも関西弁がやたら飛び交うので、つられてよくエセ関西弁になっちゃいます。

「役づくり＝声をつくる」という誤解

そんなわけで、はじめはナチュラル（なにをもってナチュラルかというのも定義が難しいですが、長くなるので省きます）な自分の声で、演技ができるようにしなさいということをまず言っています。

さきほども言いましたが、養成所にいるいまの若い人たちは、アニメーションをやらせるとすごく上手だと思います。アニメ的な文脈の理解度はものすごく高いからでしょう。

ところが、ラジオドラマなどをやらせてみると力が発揮できない。まず絵がないし、台本にもト書きがないからキャラ設定もシチュエーションもイメージは自分で補わなくてはいけない部分がとても多いんです。

慣れ親しんだフィールドから放り出されたとき、表現者としての引き出しの多さや、役づくりの力が試されるわけです。

でもそれは役者にとってはとても楽しい作業です。情報が少ないぶん、こういう人物だからこういう口調で、こんな間の取り方をする、そういうことを考えるのはとても楽しい。残念ながらラジオドラマ番組は昔はたくさんありましたが、いまでは少なくなってしまいました。私はとても好きだったので、機会があればぜひやりたいし、若い子にも勉強になるからやらせてみたいと常々思っています。

さて、設定情報の多い少ないは別として、声優が役づくりをするにあたって、とくに経験の少ない人が陥りがちなのが、役に合わせて「声をつくってしまう」ことです。

たとえばおじいちゃんの役だったとすると、しわっしわの声にして、「わしはのう」なんて言ったりする。それだと「おじいちゃんなんだな」と思われても、単なるステレオタイプな記号でしかありません。おじいちゃんにもいろいろあります。温厚な人もいれば、怒りっぽい人、背筋がピンとしている人、性別がわかりにくい人、早口な人、無口な人。こういう人物であるから、こういう口調にする、とならなければいけない。

「声をつくっただけでやった気になるな」

というのはよく言っています。まず芝居があってそこに必要な声を出すという順序でないとなりません。

だけど、声優志望の人たちは「声をつくること」で役づくりを終えてしまいがちです。

この仕事をしていると、声優というのは「いろんな声が出せる人」と世の人々に思われているんじゃないかと感じることがあります。もちろん、山寺宏一さんのように「七色の声」といわれるような声帯を駆使した声の達人はいます。しかし、彼であっても演技においては声をつくるのは二の次でしょう。まず役をつくってから声をつくる。声をつくらなくても、口調やトーンで人物は演じ分けられます。

しかし、「ばいきんまんにそれを言われても、いまいち説得力がない」、というのが困ったところです。

実際、ばいきんまんはものすごく「つくった声」なんです。それこそ初期の頃は「このままじゃ声が潰れる」と思うくらい、無理な声の出し方をしています。

若いうちに声帯を酷使してしまうのもよくありません。野球で言えばストレートを投げられるようにしてから変化球を投げろということです。

いい声じゃなきゃダメ？

声ということでは、声質ということを気にされている方も多くいるのではないでしょうか。

「声優＝いい声」

というのも世間のイメージとしてはありそうです。しかし、「いい声」というのも漠然としていますね。私なんかが思ういい声は、大平透さん、若山弦蔵さん、野沢那智さんとか、ダンディーでかっこいい、渋い人たちを想像します。

アニメ好きの女子たちならいわゆるイケメンボイスでしょうか。正直、「いい声」というのは主観であって、好みじゃないでしょうか。

ある程度は発声の仕方や口調でしょう。ぼそぼそとしゃべっていたら爽やかなキャラにはなりませんし、せわしなく早口だったらクールな大人という印象になりません。

声質に特徴があったほうが声優としていいのかというと、これもなんとも言えません。

私の地声で言えば、「ストレートでふつうにいい声」だと思っていますが、まわりからすれば特徴的なようです。すぐに誰だかわかっちゃう。そんなものですから、ダブりの役をやることが少ないです。ダブりというのは自分の役以外にもいくつか役を兼ねること。ひとつの作品で同時には出てこない脇役をふたつ兼ねることもありますし、決まった役を持ちつつ、わざわざ専用のキャストを当てる必要のないほんのちょい役をその場でやることもあります。

よくあるのは「ガヤ」。絵にもなっていないようなその他大勢がいるときです。学校のクラスで休み時間に騒いでいるとか、事件や事故で野次馬が集まっている場面とか。

ガヤはレギュラーキャストみんなでやったり、ゲストや新人の人たちも参加しますが、そんなガヤでも私は「入んないで」なんて言われたりすることもあります。声ですぐわかっちゃうから。そういう意味では個性が抑えられるのもある意味個性です。

話がそれましたが、いい声にはいい声の仕事もあるし、悪い声には悪い声の仕事がある。七色の声を駆使する先輩もいれば、1色の魅力でずっとやっている人もいます。若本規夫さんなんかは、あの独特の口調が話題になり、あちこちものまねまでされるようになりました。どんどん誇張されていき、いまでは「若本節」があちらこちらの番組で炸裂するという類まれな例です。

一方で山寺宏一さんのように、クール、熱血、コメディ、さまざまな年齢の人物から動物までなんでもこなす声優がいます。それこそ役柄に合わせてどんな声でもつくることができます。天才です。しかも、ものすごく真面目に仕事に取り組むし、努力家でもあります。役者の鑑のような存在ですが、私なんかからすれば、もうお手上げだな、と思っちゃいます。

しかし、うまいという以上に、熱心に作品に取り組む姿勢こそが山寺さんが業界から一目置かれている所以《ゆえん》でしょう。

さきほど述べた「ガヤ」ですが、セリフの少ない若手や新人がやるようなイメージが、もしかするとあるかもしれませんが、誰でもできる簡単なものかというと、じつはそうではありません。実際はベテランも若手も関係なくやりますし、「経験の差」やセンスが如実に出やすいのです。

とくにセリフが決まっていませんが、なんでもいいわけではもちろんなく、状況をきちんと理解して適切なことを言わなくてはいけません。

交通事故で通行人や野次馬が集まって、

「どうした？　どうした？」

となるシーン。驚いたり、こわがったり、興味本位だったり、だいたいここまでは想像できます。ただ、若い人ばかりだとおんなじようなことばかり言っていて厚みが出ないことがあります。ベテランが入るとそこがぜんぜん違ってくる。

とあるベテランがそこでやっていたのは警官。野次馬がいるんだから、それを現場に近づけないように制止する警官は当然いるだろうと考えて勝手にやっているのです。はっきりと絵に描かれていなくても、それが入るだけでガヤの質がぐっとあがる。そういう発想が自然とでてくるかどうかも役者としての技量です。

山寺さんなんかはそこでも違いを生み出す男です。私は彼がデビュー間もない頃から『それいけ！アンパンマン』で共演していますが、じつは彼もばいきんまんのオーディションを受けていました。もう、いまだったら間違いなく山寺さんですよ。彼は結局、めいけんチーズの役で参加することになりましたが、カバおくんやかまめしどんなど、別のキャラクターも複数担当しています。

カバおくんは、アンパンマンの世界では小学校にいる子どもたちのひとりです。話によっては子どもたちがたくさん集まるガヤもあります。そこでやはり、ほかの子よりも印象的でした。おぼっちゃま風のしゃべり方も彼のアイディアでした。

音響監督もそういうのを見ています。あんまりいいもので、どんどんカバおの存在感が出てきて、大勢の中の一人から独り立ちできるくらいのキャラクターになっていったのです。

ガヤだろうが小さな役だろうが、彼がやるとキャラがいきいきと存在感をもちはじめる。そういうことができるから、いまこれだけの人気者になったんだと思います。

ですから、声質でとくに有利も不利もないし、個性は個性としてもちながら芝居をすればいいし、演じながらキャラクターをつくりあげていくことだってできるんです。

いまはクセがあると、レッスンなんかでも矯正するように指導されてしまうことが多いですが、私は基本的に反対です。聞き取りにくいとか滑舌が悪いとかは別にしても、それがほかにない個性であれば、大事にしたほうがいい。

「そんなんじゃ役がつかないよ」

と育てる側が考えているのだとしたら、大馬鹿野郎です。

わかりやすく売り出しやすい人間ばかり育てていたら、広がりもないうえにつぶしあいにしかなりません。ずっとやっていれば輝く個性かもしれないのに、もし矯正してしまったら、その人の個性に、使う方も使われる方も気づかないままになってしまう。それじゃ、もったいない。

大平透（おおひら・とおる）……ラジオのアナウンサーを経て吹き替え黎明期より声優として活躍。「スター・ウォーズ」シリーズではダース・ベイダー、『スーパーマン』ではアニメ版、実写版ともに主役を務めた。アニメではほかに『ハクション大魔王』（ハクション大魔王）、『笑ゥせぇるすまん』（初代・喪黒福造）など。

若本規夫（わかもと・のりお）……『サザエさん』（穴子）、『ドラゴンボールZ』（セル）、『銀河英雄伝説』（オスカー・フォン・ロイエンタール）など。ほか多くのテレビ番組でナレーションを担当。

演出を見よ

音響監督さんにもいろいろな人がいますが、私が出会ったなかでいまでも忘れられない方のひとりに、斯波重治《しばしげはる》さんという方がいます。

『科学忍者隊ガッチャマン』（1972年放送開始）、『楽しいムーミン一家』（1990年放送開始）など多数手がけてらっしゃいます。『うる星やつら』（1981年放送開始）や、とくに『楽しいムーミン一家』では私はスニフの役で出演していたこともあり、多くの思い出があります。

音響監督さんから新人へのダメ出しで多いのが、「尺《しゃく》（パクとも言います）が合わない」というやつです。

尺というのは、画面のキャラクターが口をパクパクやっているのと、セリフの長さを合わせることです。

私がまだ若手の頃もよく言われましたが、ふつうの音響監督さんは、

「尺足らないからのばして」

あるいは、

「そこ尺に入んないからまいて」

というような指示出しをします。長さを合わせるという意味では、そういう指示で間違いないのですが、斯波さんは若手に対してそういう言い方をしませんでした。ブースから降りてきて、台本のセリフを一緒に見ながら、

「このセリフのこの部分は大切だから、大事に言ってごらん」

というような感じです。決して長さや早さの話はしない。私はこのことにとても感銘を受けた記憶があります。

確かにセリフに集中しすぎている新人なんかが、「のばして」といわれたら、ゆっくりしゃべることを意識してしまうでしょう。逆に「まいて」と言われたらなんとか収まるように、ただ早くしゃべってしまうというようなことになりそうです。尺を合わせることはタイミングさえ合わせれば、できるでしょう。でもそれは、ただ長さが合っているにすぎません。

なんで尺が合わないのか。なんでゆっくり言わなければいけないのか。そこには必然があります。

たとえば、学校や職場なんかのシーンで、「おはようございます」というセリフがあったとして、それをふつうより早く、または遅く言うだけでも意味がでてきます。ゆっくり言う場合だったら、前の夜に眠れないようなことがあって元気がなくて間延びしているのか、いつも遅れてくる人に対していやみったらしく言っているのか。

早口に言う場合であれば、なにかすぐに取り掛からなきゃいけない急用ができたとか、相手が嫌いだとか、前日にちょっといやなことがあったとかで、きちんと言いたくなくて早口になるのか……そういう意味が必ずあります。

それを考えるのが本来、役者の仕事なんですけど、斯波さんはそういう部分を指導してくれたんです。演出の的確な人は役者目線の言葉で話すこともできます。若い頃に斯波さんのような方に出会えたのはとても幸運でした。

ろれったり（呂律がまわらない）、とちったり、かんだりはもちろんＮＧですが、演出的なニュアンスでリテイクということであれば役者は演出を理解しなければいけません。

声優は基本的に監督のオーダーに沿うようやりますし、よりよくするために相談したりもします。現場によっては役者と演出の解釈が異なったりしてディスカッションすることもありますが、基本的には役者は演出の指示に従います。

ごくまれに「この監督さん、何を言っているのかよくわからない」と思いつつ何度もリテイクさせられたことも大昔にはありました。一発目とリテイク後では、自分としてはほぼ違いがないのにＯＫが出たりすると、納得いかないなぁなんて思ったこともありましたが、なにせ昔のことですから、私が未熟だっただけかもしれません。

アニメ制作は日程がタイトすぎて、アフレコ現場で見るのは完成フィルムであることはほとんどなく、ましてやきちんと動いた絵になっていないこともザラです。シチュエーションはわかっていても、キャラクターの細かい表情などはどういう演出を意図しているかわからない、そうした場合には音響監督さんとの確認が必要です。

台本には「バカ」と一言書かれているけど、怒っているのか、冗談めかしているのか、寂しいのか、からかっているのか、どれがどのくらい混ざったものなのか……。

演出を理解することは役者にとってきわめて重要なことです。ただ役になりきっていればいいというものではありません。

台本にはセリフの上に「カット割り」というものが書いてあります。

若い人たちはみんなセリフが気になってそこばかり見ていることが多いようです。

「カット割りは伊達《だ と》にあるんじゃない」

ということを養成所では必ず言っています。そこにはキャラの心情がしっかりと描写されています。

なぜ顔のアップなのか、なぜ手元に絵が寄っているのか、なぜ後ろを向いたままなのか……みんな意味があります。「なんとなくそうなっている」ということはありえないのです。

台本の咀嚼《そしゃく》は現場に臨むまでに役者がすべき最低限の準備です。

ダメ出しをされても演出の意図がわからなければ、なにがダメなのかもわからないわけですから、修正のしようがありません。

余談ですが、最近やった『ガイコツ書店員 本田さん』（2018年）というアニメでは、

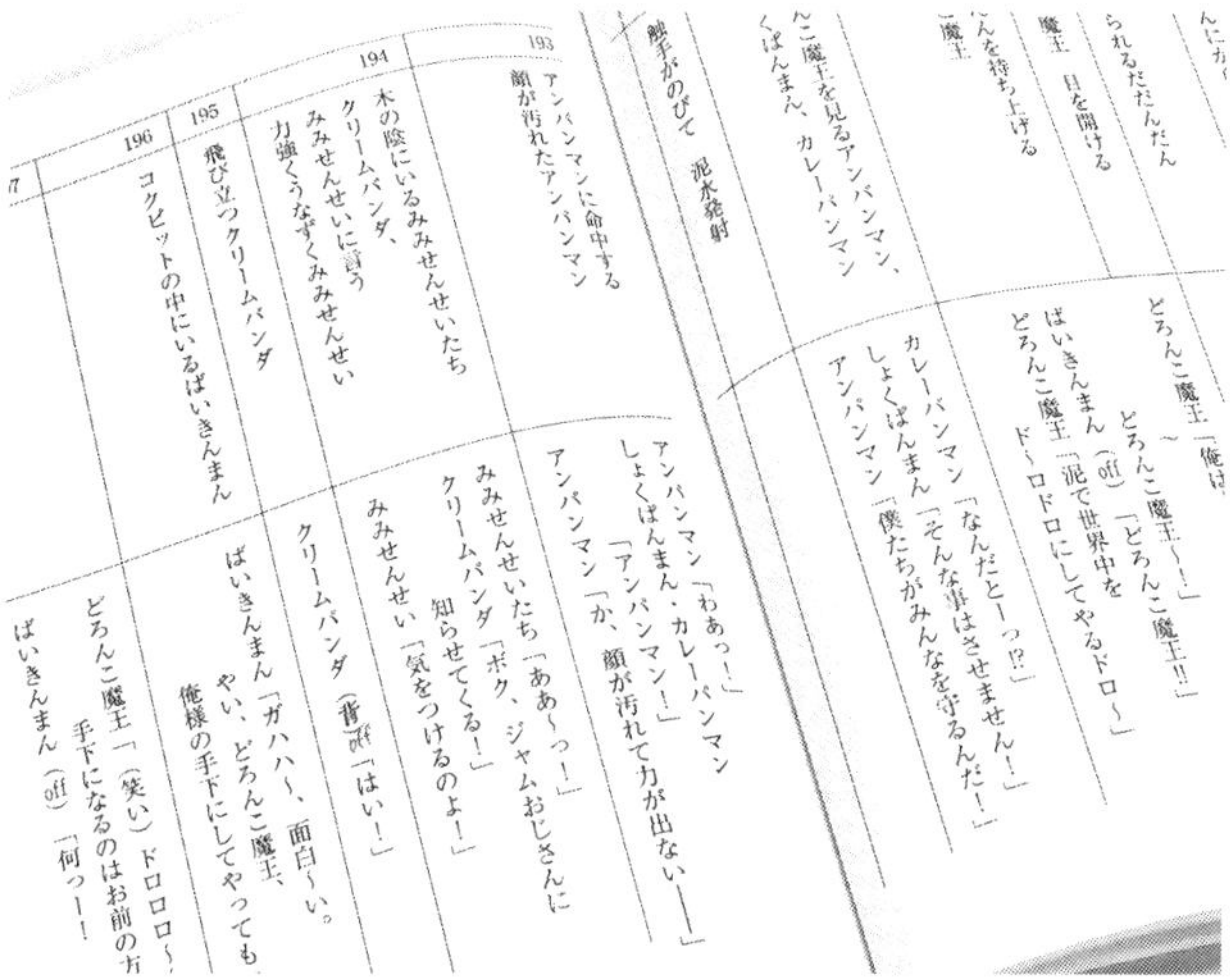

『それいけ!アンパンマン』の台本。上段にあるのが「カット割り」（協力：トムス・エンタテインメント）

台本にカット割りがなくて、「音響さん、どうやって演出するのかな」と思っていたら、リハーサルの際、音響監督さんがぜんぶのセリフを当ててくれていて、要するに見本として聞かせてもらったのですが、けっこうな棒読みで、それがまた作品のギャグテイストに妙に合っていて、大笑いしてしまいました。内心「このまま使えば面白いのにな」と思ってしまったほどです。

アニメに携わる人たちは、監督でも作画する人でもどこか「映画人」のような部分があって、彼らがつくり上げるもののなかには、彼ら自身をつくり上げたものが多かれ少なかれ含まれていて、それが演出なり絵になりあらわれています。

もしかしたらなにかの映画のパロディやオマージュがこっそりひそんでいるかもしれない。

台本には直接的ではなくても、作り手の意図が見えることがあります。

たとえば、カメラがぐるっとまわるシーンがあって、キャラクターがガムテープをびーっと伸ばすシーンがある。どう考えても「必殺シリーズ」を意識しているなとわかる。どんな小ネタでもそれに気づいたらそこに寄せる演技をする。そうすると、

「あー、こいつわかってるなー」

となって、そういうのが作品づくりを盛り上げたり、クオリティにつながったりします。知らない人にはまったくわからないけれど、知っている人には一目瞭然。間違いなく芝居に活かせるわけですから、知らなきゃもったいない。気づかないで通り過ぎるのはもったいないということです。

演出を勉強するためにはできるだけ多くの作品にふれること。これ以外にありません。アニメに限らず、小説でも映画でも舞台でも落語でも、新しいものも名作古典も、ありとあらゆるコンテンツに接触することです。世の中にどれだけのコンテンツがあったとしても、

時代や歴史と無縁で独立していることはありません。なにかしらの文脈、手法、思想などを受け取っているはずなのです。

役者にとってそれらを知ること、感じ取れることは大きな武器になります。ですから、好みにかかわらずできるだけいろんなものを見れば見るほどよいでしょう。

養成所の授業で使ったある台本には、いろんな作品のパロディが各所にちりばめられていて、セリフの下にかっこ書きで「菅原文太風」と書かれていたことがありました。

生徒たちの世代だと菅原文太さんを知らない子が多い。

「だったら調べてこい。知らなきゃできないだろう」

セリフからして、代表作のひとつである『仁義なき戦い』を観るべきでしょう。ところがちゃんと観てこないやつがいる。ネットでちょっと調べてくるくらい。どんなきっかけでも自分の世界を広げるチャンスだとなんで思わないんでしょうか。『仁義』を観たら、『トラック野郎』もチェックしてみようとか、そのまま深作映画にハマったっていいじゃないか、と。ただ、その後、みんな『仁義』を見たらハマっちゃって、その話で盛り上がって授業が中断してしまったこともありましたが……。

いまはスマホで簡単になんでも調べられるし、古い映画でもなんでも作品を観られる環境は昔と比べたら段違いにいいわけです。使わない手はないでしょう。

演出があればそれに沿わせるわけですが、それが少ない、あるいはある程度自由な状況でも役者はきちんと演じることができるようにしなければならないのは言うまでもありません。少ない情報のなかからどれだけのことを理解できるかという「咀嚼力」が問われます。

自分で考えてつくり上げるというのは役者としてはいちばん楽しい部分でもあります。

先述したラジオドラマが面白いうえに勉強になるというのはそういう部分です。

ちなみに、私がラジオ番組をよくやらせていただいた時代は、ほとんどが生放送でした。にもかかわらず、結構無茶なことがいっぱいありましたね。トークばかりではなくドラマも生です。ある番組では、台本をその場で「せーの」で開いていきなりはじめるなんてこともやりました。

事前に読んでないわけですから、演じながら状況を理解して、適切な演技を即興でしていかなくてはいけません。ちょっとしたお遊びですが、みんな必死なのがおかしくておかしくて。古くからの友人である内田直哉の「初見読みの弱さ」は仲間内でも有名で、流れでわかりそうなものをよく間違える。

「そんなことはないじゃない」

というセリフを、

「そんなことはない！」

と、はじめに断定するような強い読み方をしてしまってから、あとで語尾が目に入って

「……じゃない？」とあわてて付け加えたり。もう笑いを堪えるのに必死でした。

「咀嚼力」を鍛えるという意味では、小説のセリフだけを抜き出して、演技をする授業をやってみても面白いんじゃないかとも思っています。小説は地の文に心情を直接的にも間接的にも書いてくれているわけで、それを隠してしまったらどうなるか。

俯瞰してものを見る力、客観性や想像力は、あるかないかでは大きく芝居に影響します。それはそのまま演じることの面白さでもあります。

演技は「呼吸」で決まる

私は芝居の話をするときにはいつも「息」（呼吸、ブレス）の話からしています。

私の持論ですが、演技の5割から6割は「呼吸」で決まって、あとは技術、内面、表現

力で100%にしていくということだと考えています。

たとえば洋画の吹き替えであれば、実際の俳優が演技をしているわけですから、動作や表情を見ることができます。その演技に呼吸を合わせる。セリフを合わせるのとは違う。実際の俳優の息を盗む、そのうえでそれを再現できれば、英語から日本語に置き換えてもきちんとしたセリフになります。いつもレッスンでは息を合わせることをやっています。合わせることができれば逆に外すこともできる。演技経験の少ない人にはなかなか文章で説明しづらいところではありますが、自由自在に使いこなせるようにすることが重要です。

アニメでも洋画でも、作品やテーマによって異なりますが、ある程度の誇張（デフォルメ）が入っています。洋画はいくらか抑え気味で、いくらかナチュラルな演技が要求されます。もちろん、洋画でも変なキャラはありますが。私も変なキャラというか、クセ者が好きで、出てくるたびに役柄も見た目も変わってしまうゲイリー・オールドマンなんかは声を当ててみたいと思わせる俳優です（一度だけＤＶＤ版の『ハンニバル』のときにやったことがありますが）。まさにカメレオン俳優で、映画のエンドロールを見て、あれゲイリー・オールドマンだったのかと驚かされることもありました。本人もキャストのクレジットすらいらないと言っているくらいです。さらにすごいのは、とても長いセリフにもかか

わらず、

「どこで息しているんだよ！」

　というようなしゃべり。もちろんセンテンスごとにブレスはあるけど、日本語と英語では場所が違うので合わせるのが難しい。そういう巧みな息遣いを聞くと、仕事でありながらリハーサル室で聞き入っちゃうことなんかもあります。ある意味「職業病」ですが、映画ファンがカット割りに感心するようなものです。

　あるとき、チャールトン・ヘストンがシェイクスピアの舞台をやっていてこんなチャンスはめったにないと思って観劇したのですが、そのときもすごいノンブレスを見て感激しました。長いからいいというわけではありません。長くできるということは、息をコントロールできている証拠です。自由自在に息をあやつってキャラクターを演じる、そうなると面白くてしょうがない。なかなかその境地まで達しませんが。

　さて、少々脱線しましたが、俳優の口が動いている長さに合わせてセリフをしゃべっただけでは演技にはなりません。

　感情が高ぶっているときの呼吸、なにかをたくらんでいるときの呼吸、怒りに我を忘れているときの呼吸、複雑な想いをうまく口にすることができないときの呼吸、自分の経験でもそれらが同じでないのはわかるはずです。洋画の吹き替えではそれらを実際の人間が演技として表現しているわけですから、その呼吸を盗んでセリフにして出していくのです。

陥りがちなのは「言葉ありき」「セリフありき」でやってしまうこと。言葉やセリフを細かく見ていくと、息を吸って、吐いて、声帯を震わせて、音になり、それがつながってはじめて言葉になる。でもそれをはしょって言葉のことばかり考えていると、呼吸がおろそかになってしまいます。呼吸は、シチュエーション、人物像、感情、あらゆる要素で異なっていて、ひと通りじゃありません。とても重要な部分ですし、そのわずかな機微で演技が変わってしまうのだから面白い部分でもあります。

演技全般にいえることですが、声優であれば声だけですからなおのこと大事です。

洋画の吹き替えは実際に俳優の演技を見ればいいのですが、アニメだと、生身ではありません。最近のアニメの作画にはきわめて質が高く、「絵の演技」が相当にレベルが高く、受け取る情報が多いものもありますが、それはごく一部で、やはり現実の身体とは異なります。それこそ、「生命のないものに息を吹き込む」ということだと思います。

アニメを見てアニメふうに声を出していると、ものまねになって、演じるのとは違ってしまいます。繰り返しお話ししたとおり、作品の世界観を理解すること、キャラクターの人物像を理解すること、そして演出をきっちり見ること、そのうえで「息」をつくる。

養成所では息を自在にあやつるためにいろんなことをやります。舞台芝居をやったり、歌を歌ったり、踊りをやったり、空手なんかもやります。最近の声優さんは歌って踊って、活動がマルチになっているからということでもありません。

「なんで声優をやるのにそんなことしなきゃいけないの」

と思う人はさっさとアフレコの練習がしたい人かもしれませんが、ぜんぶ「息」のつくり方を学ぶために取り入れています。実際に体を動かして、動作と息を合わせる。アニメのキャラも動いているわけですから、それに合わせた息がどんなものか身をもって感じ取るのです。

ましてやアニメや映画には現実では見たこともないものに声を当てることがありえます。人型から離れれば離れるほど、引き出しの多さが問われることになるでしょう。

「きみらは人間をやるかもだけど、私は宇宙人やら妖怪やらだからね」

とは、よく言っています。

ただ、そうしたものを演じることができるのも声優の魅力でしょう。これまでいろんな役をやりましたが、なかでも忘れられない役は「精子」。

とある洋画の吹き替えでしたが、赤ちゃんが生まれるまでの過程で、受精のために大勢（?）の精子が競うという場面でした。しかも私は敗れ去るほうの「精子2」。見事受精する「精子1」の声は内海賢二さんでした。そりゃ内海さんのほうが勝ちそうですよね。

内海賢二（うつみ・けんじ）……『新造人間キャシャーン』（ブライキングボス）、『ガンバの冒険』（ヨイショ）、『Dr.スランプ アラレちゃん』（則巻千兵衛）、『北斗の拳』（ラオウ）、『鋼の錬金術師』（アレックス・ルイ・アームストロング）など。

4章 役者としてⅡ

食えるようになる

声優の仕事は基本的にオーディションですが、81プロデュースに所属した初期の頃には、社長の手腕や事務所の尽力で多くの仕事をいただけるようになりました。

ひさしぶりに主役を演じた『伊賀野カバ丸』(伊賀野影丸役)もこの頃いただいた仕事です。

そして、この時期に演じた役で最も忘れられないのは、『あしたのジョー2』で、主人公である矢吹丈のライバルとして登場するベネズエラ出身のボクサー、カーロス・リベラ。

なぜ印象が強いかと言うといろいろと理由があります。じつは私は、幼い頃からずっとマンガに興味をもったことがなく、高校生から20代くらいのいちばんマンガを読みそうな時代も朝から晩まで働いていたというのもあって、本を読むにしても芝居に関わるような小説などばかりでそれ以外は読んでいなかったんです。

ですから、世間でウケているマンガも知りませんし、原作付きのアニメだったら、役をいただいてから原作をチェックするくらい。だからほとんどが、役をいただいてからはじめて知るキャラなわけです。

ところが、なぜか『あしたのジョー』だけは読んでいた。すごく好きだったし、珍しく、というか人生で唯一仕事とは関係なくハマったマンガでした。ですから、ストーリーも、自分が演じるキャラも事前によく知っていて臨むのははじめてだったのです。

「カーロスをやるんだ……」

いまの声優さんはきっとマンガには詳しいでしょうから、出演作品が決まるたびにそんな思いをしているのでしょうか。ともかく感慨もあっていつもとは違った。

さらにいうと、私が若かったというのもありますが、この役は難しい役柄でした。あまりやったことのない「陽気な二枚目である」ということ、外国人だけど「カタコトの日本語をしゃべる」、さらには、のちにホセ・メンドーサのコークスクリューパンチを受けて重度の「パンチドランカー」になるということで、その演技は苦労しました。

公園で滑り台にのったり、シャドウをしたり、あの物悲しいシーンは印象的で忘れられません。

仕事で食べられるようになったといえば、ＮＨＫ『おかあさんといっしょ』内で放送された着ぐるみ人形劇「にこにこ、ぷん」（１９８２年放送開始）のことについてふれないわけにはいきません。

もともと社長が青二プロ時代、各営業先で最も売り上げの低かったNHKに志願して営業攻勢をしかけ、結果的に売り上げが倍増。その頃からNHKとのつながりが強く、81プロデュース立ち上げの頃から現在でも多くの仕事をさせてもらっています。

私は「にこにこ、ぷん」のなかで3人の主要キャラのひとり、ネズミの「ぽろり」（ぽろり・カジリアッチⅢ世）の声を担当しました。そのほかのキャストは山猫の「じゃじゃまる」は肝付兼太さん、ペンギンの女の子「ぴっころ」はよこざわけい子さん。

1982年からスタートし、1992年まで続きましたから、10年間もの長期レギュラーでした。

私たちの時代は、週5本放送するうち、2本だけ「生」で合わせる日があって、あとの3本は収録でした。それ以前の人形劇はぜんぶ生だったのですが、スケジュールの関係で少しずつ生は減っていき、現在はほぼぜんぶ録音になっています。

「操演」（着ぐるみ演者）の方は以前のキャラクターからやっていたベテランの方でした。生でやる場合は、お互いの呼吸を合わせる必要があって、このへんは「アフレコ」にはない独特のものがあります。はじめは難しいのかなと思っていましたが、そこはベテランの方がうまくやってくれて、見事にばっちり合う。最初にキャラクターの性格やら動きなどコミュニケーションをとって確認していましたが、すぐにお任せでできるようになりました。

スタジオで子どもたちと一緒に遊ぶようなときはもちろん生でやります。このふれあいが楽しくてみんな張り切ります。子どもたちの反応もはじめから想定できないし、アクシデントなんかがあっても操演と私たちでうまく切り抜けたときはとても気持ちがいいし、決まったものをやるのとは違う面白さがあります。

生のときは、そういうアクシデントや、子どもたちとのやりとりがあってもいいようなお話、アドリブの余地がうまく残されている台本を作家の方が書いてくれています。

お客さんを目の前にしてやるライブの舞台は本当に楽しい。武道館やＮＨＫホールのイベントでも「生」でやりたいと制作サイドに申し出て、やらせてもらったこともあります。

じゃじゃまるをやっていた肝付兼太さんなんかは、

「きょうは大きいところにきたなー、きもちがいいからはしっちゃおうかなー」

と台本や打ち合わせにないことを言って、操演の人は「えっ？」と一瞬驚くも自然と走りだす。「やめてくれー」と内心思いながらも元気よく走りまわる。

「声は勝手なことを言う」

なんて冗談まじりに文句をいわれますが、操演の方には本当に頭が下がります。いまは素材なんかも技術的に軽くて動きやすく、安全性にも考慮された設計になっているようですが、当時はそんなこともないので大変です。あんな大きなものを着たまんま、でんぐりがえしまでしてしまいますからね。

ちなみに、同じ教育テレビ（現Eテレ）の『いないいないばぁっ！』の人気着ぐるみキャラであるワンワンは、声優のチョーさん自身が操演をしています。1996年の放送開始からずっといるキャラクターですから、もう20年以上も声をやりながら動き、歌い、踊っているわけです。すごいとしか言いようがありません。

ちなみに、『おかあさんといっしょ』の人形劇は長いものだと10年以上続くことがあります。私がやっていたのは「にこにこ、ぷん」とその後の「ドレミファ・どーなっつ！」（キャノボリカンガルーの男の子、れおなるど・とびっしー、通称「れっしー」の役）に立て続けにキャスティングされました。それぞれ10年半、7年半もの長い期間放送されていたので、都合、18年間、レギュラー番組をもっていたわけです。正直、これひとつで食えるようになりました。

以降、子ども向け番組に長らく関わらせていただいたということもあって、主宰するドラマティック・カンパニーでも、毎年夏に4日間、アトリエ近くの子どもたちを無料招待して「親子劇場」というものを開催しています。とても喜んでいただいて、もう20年以上続いています。

肝付兼太（きもつき・かねた）……『ジャングル黒べえ』（黒べえ）、『元祖天才バカボン』（本官さん）、『ドカベン』（殿馬一人）、『おそ松くん』（イヤミ）、『銀河鉄道999』（車掌）、『ドラえもん』（スネ夫）、『怪物くん』（ドラキュラ）、『それいけ！アンパンマン』（ホラーマン）など。

よこざわけい子……『ポールのミラクル大作戦』（ニーナ）、『はいからさんが通る』（花村紅緒）、『ドラえもん』（ドラミ）、『Ｔｈｅ・かぼちゃワイン』（朝丘夏美）、『エスパー魔美』（佐倉魔美）など。

チョー……『ＯＮＥ ＰＩＥＣＥ』（ブルック）、『ペンギンの問題』（井上マイケル）など。１９８４年からＮＨＫ教育テレビの『たんけんぼくのまち』に出演していた。

ラジオが面白かった

当時、声優業界は第二次ブームを経て、アニメ専門誌が創刊され、声優が誌面に登場したり、ごく一部ではない人たちの間にも市民権を得ていった頃ですが、いまと比べるとまだまだ業界内におさまっている状況でした。そんななかで声優が舞台をやったり、オリジナルのレコードを出したり、イベントに出演したりということを、手探りながら積極的に仕掛けていったのも、社長でした。声優プロダクションは声優のマネジメントだけやっていればよろしいという風潮のなかで、ひとつの枠に留まらない現在のかたちをいち早く模索していたのです。

そうしたさまざまな展開のうち、とりわけ私が好きだったのはラジオです。とくにニッポン放送が声優にいち早くスポットを当てて、ラジオドラマが次々とつくられていきました。制作サイドにもドン上野さんという名物プロデューサーがいて、いろいろと画期的な試みを番組に取り入れていって、ラジオ業界はエネルギーに満ちあふれていました。

余談ですが「スネークマンショー」がブームになったのもこの頃でした。音楽の間に挿入されるショートドラマコントという形式で、ウルフマン・ジャックから着想したものですが、遊びのように生まれてまたたく間に大人気に。若い人たちにも機会があれば聞いてみてほしいですね。

声優が出演していたラジオドラマでは『大入りダイヤルまだ宵の口』（1975～1981年）という番組内のコーナー「キリンラジオ劇場」は1978年4月からはじまった生放送のラジオドラマです。

また、「夜のドラマハウス」（1976～1983年）は、声優とアイドル歌手が一人ずつ出演して、テーマ曲とする楽曲から着想して、ふたりで演じるドラマをつくっていくものでした。榊原郁恵さんや、山口百恵さんといった方々と富山敬さんや、神谷明さんなどの声優陣が共演していました。

ドラマは一回収録で月曜日～金曜日に10分ずつに分けて放送され、毎回ドラマ終わりに曲がかかるというプロモーション的なコーナーでもあったのです。

私もいまでは超ビッグという方のデビュー当時の相手役をつとめさせていただきました。

それから『日本全国ヤロメロどん！』、これはラジオたんぱで1983年から2年間続いた番組で、公開録音でした。

私は最初の1年、水島裕さんと一緒に週に1回のパーソナリティーを担当していました。ラジオ日本、文化放送では「ペアペアアニメージュ」という声優がパーソナリティーをつとめる10分程度の帯番組を戸田恵子さんと一緒に週1で担当していました。その頃は生放送だったので、カフを下げ忘れて「終わったー」という声が流れたりしたこともありましたが、とにかく面白かったですね。

ラジオはやるのも聞くのも好きで、若い頃はオールナイトニッポンをよく聴いていました。昔は1部2部で分かれて、1979〜1980年の金曜2部のパーソナリティーは神谷さんでした。2部は真夜中のスタートでしたが、ちょうど仕事が終わって一杯やってから収録現場に遊びに行ってそのまま出させてもらったこともあります。

神谷さんの誕生日がちょうど収録日だったので、スタッフと共謀して台本を2つつくり、仲間たちとサプライズのパーティーをやったこともあります。生放送ですからサプライズと言うよりもドッキリですね。

いまは生放送なんてずいぶん減っちゃいましたが、そんなことを自由にやらせてくれた時代でした。私はいまも昔も「生」がとても好きなようです。

最近は声優のラジオ番組もＷｅｂなどではたくさんあります。私自身は最近、ゲストで呼ばれたりすることはあるものの、パーソナリティーの仕事は何年もやっていません。もしできるんなら、ぜひやりたいところです。昔のようにはちゃめちゃなやつを。

Ｗｅｂラジオならいろんなことができそうに思うのですが、どうでしょう。

声優がゲストで来る声優の番組ならいくらでもあるでしょうから、私がやるんだったら、音響監督さんとかミキサーさんとか、ふだん出ないような人ばかりをゲストに招いて、『制作さん、いらっしゃい』みたいな。声優の仕事ぶりは間近に見てよく知っているわけで、ふだん言えないことなど「ぶっちゃけトーク」してもらったら面白いでしょう。

「あいつの若いときは、ありゃひどかったな」

とか、あるいはスタジオで、声優たちが聞いていないところで何を話しているのかとかも気になりますよね。

「なんだよ、ちゃんと合わせろよー」

なんてウラでは文句を言いながら、トークバックでは、

「はい、ありがとうございますー。おつかれさんでしたー」

とかやってたりするとか。声優志望のみなさんも、知りたいでしょう？

歌手・中尾隆聖

私はバンドもやっていたし、バイトで弾き語りをやっていたり、ともかく歌は大好きでした。声優のマルチ活動が盛んになるずっと以前、声優活動とは関係なく「竹尾智晴」名義でレコードを出したことがあります。

70年代のはじめ頃、いずみたくさん（名曲数知れずの大ヒットメーカーで、アンパンマンでも音楽を担当されています）が企画した「ブラックレコード」というレーベルを、テイチクで立ち上げるというようなタイミングでした。どういういきさつかは、なぜだか覚えていないのですが、ともかく私も参加させていただけることになったんです。

最初の曲は私自身が作曲した「旅人ひとり」。それから2曲目「土曜日なんてなければいい」の作詞はあの山川啓介《やまかわけいすけ》さんでした。私なんかからしたら恐れ多い大先生です。

山川さんは、じつは本名を井出《いで》隆夫《たかお》さんといって、『おかあさんといっしょ』の脚本、構成を担当していました。私はそのことを知らなくて、のちに『おかあさんといっしょ』にかかわることになり、初日の顔合わせでおよそ10年ぶりに再会することに。

「きみ、竹尾くんだよね、覚えてますか」

「えっ、井出先生って山川さんだったんですね！」

レコーディングした当時とはお互いに名前が違っていて驚きの再会でした。

以来、これまで何枚もレコードを出していますが、正直なところ、30代くらいまではとても抵抗がありました。歌は歌で一生懸命やっている人がいるなかで、役者とか声優が片手間で出すのは失礼じゃないかと思っていたんです。

新宿二丁目のお店「骨と皮」をやっていた頃は、歌手でレコードを出したいという仲間がいっぱいいました。しかもみんな私よりもはるかにうまい。一枚のレコードを出すのに命をかけているっていったらオーバーかもしれませんが、ともかく「自分なんかが」という思いをしていたのです。

歌手をやっていた友人でとりわけうまいと思っていたのは尾崎紀世彦《おざききよひこ》。彼はしばらく「ザ・ワンダース」というグループを組んで活動していて、『ウルトラセブン』の主題歌なんかやっていたけど、あまり売れなくてソロ活動に移っていた頃でした。

藤田淑子さん（仲間内ではトコと呼んでいました）がレコードを出したというのでステージを見にいったのですが、そこに尾崎紀世彦も出ていたんです。彫りの深いイケメンもさることながら、歌声を聞いて「なんてうまいやつなんだ」と驚嘆しました。

「トコ、あれ誰？　日本人？」

「日本人よ、うまいのよー」

それから、彼が渋谷で弾き語りをやっていると聞いて、何度も足を運び、「俺、店をやっているから遊びにきてよ」と私が誘ったりして、以降よくつるむようになりました。

私は彼を「キヨ」と呼んでいますが、一緒に歌ったりもしましたし、彼が馬好きだったので御殿場に行って乗馬を楽しんだこともありました。

お互い売れない時代でしたから、時間はあってよく遊び回りました。しばらくして、キヨが「レコード、出したんだ」といって聞かせてくれたのがあの名曲でした。

「これは絶対売れる！」

私でもすぐにそう思いました。「また逢う日まで」は大ヒット。彼も一躍大スターです。キヨはちょっと放浪癖があって、突然連絡がとれなくなったりしたかと思えば、ハワイにいたりなんてこともよくありました。それから何十年も経ってからＮＨＫでばったり顔を合わせて、そのままの勢いで彼が出演していたＦＭラジオにゲストで呼ばれたりというようなこともありました。

　また交流が復活したかと思えば、また音信不通の時期が続き、ある日、亡くなっていたことをニュースで知ったのです。

　ともかく、そんなすごい歌い手がまわりにいたものですから、当時はレコードを出していることは黙っていたんです。ところが、通っていた六本木のジャズバー「アルフィー」の店長でジャズドラマーの日野元彦《ひのもとひこ》さん（日野皓正《ひのてるまさ》さんの弟）にどういうわけかバレてしまいました。

「お前レコード出してたんだな」

　と店で言われ、すいませんと謝ったら、

「謝ることないよ。一度、俺のバンドとやろうぜ」

　ジャズバンドなんて、ぜんぜん畑違いだけど、ライブに誘っていただいて一度だけ一緒にやらせていただいたんです。ちなみにこのときは、子ども向け番組の楽曲を大人向けにジャズアレンジしたもので、とても面白い試みでした。そんなことがあってからは、少し気持ちが楽になりました。歌うこと自体は昔もいまも大好きです。

　ちなみに、声で仕事をする声優だからといって、誰もが歌が得意かというと、じつはそうでもありません。

藤田淑子（ふじた・としこ）……『一休さん』（一休）、『がんばれ元気』（堀口元気）、『キテレツ大百科』（木手英一）、『キャッツ♥アイ』（来生泪）、『DRAGON QUEST―ダイの大冒険―』（ダイ）など。

ばいきんまん登場

現在までで私が最も長く演じていて、声優・中尾隆聖を代表するキャラクターといえば、もちろん「ばいきんまん」でしょう。

1988年に『それいけ！アンパンマン』が放送開始され、2018年には30周年を迎えました。いろんなところで言っていますが、放送開始当時は、まさかここまで長く演じることになるとはまったく思っていませんでした。

3歳くらいの幼児が見るアニメですから、いまの3歳から33歳くらいはちょうど視聴者だったでしょうし、その子の親も含めれば60代くらいの人まで知っているキャラクターです。長年続けているとあらゆる世代に知られるキャラクターに育ちます。おかげさまで、ご近所あたりでも、「声優をやってます」と言うと「ふーん」ですが、「ばいきんまんの声をやっています」と言うとぜんぜん反応が違います。わかりやすくて本当に助かります。

これもあちこちで言っていますが、幼児向け番組といえば1982年から「にこにこ、ぷん」もすでに6年間やっていました。『おかあさんといっしょ』も対象年齢がほとんど一緒ですから、同じ子が両方見ている可能性はとても高いわけです。時間帯も夕方の再放送になると一緒でした。

ぽろりは頭が良くて優しい男の子、一方、ばいきんまんは毎度いたずらで迷惑をかける悪役です。あまり近い声だと子どもたちが混乱してしまう。だからぜんぜん違うものにしなきゃいけなかったんです。

ばいきんまんの役はオーディションでしたが、声の出し方は当日その場で考えました。参考にしたのはバナナの叩き売りに代表される啖呵売《たんかうり》。潰したような声音で『さぁ、よってらっしゃいみてらっしゃい……』。面白いからもっとやって、とオーディションのときにディレクターから言われたのですが、こんな声では絶対に受からないと思っていました。そもそも発声するのもきついし、喉に負担が大きいという難点がありました。だけどそれで受かっちゃったんですから。30年後のことはまったく考えていませんでしたね。

ばいきんまんをやると喉を使い果たしてしまいます。次の日にはぽろりに戻さないといけないので、はじめの頃はばいきんまんをやる日はそのためだけに喉を使っていました。『それいけ！アンパンマン』の第1回の放送を観る機会が最近ありましたけれど、痛々しいくらいがんばって発声しているのが自分でもよくわかりました。そりゃ声も潰れるわ。

ところで、声優はとくに喉が商売道具なのでお酒などは控えるイメージがあるかもしれませんが、私らくらいの世代だと関係ないですね。もちろん気は使いますが、よく飲みます。若い人はそれこそ節制したり、きちんとケアしていますが、私はうがいぐらい。逆に役柄でつぶしたほうがいいときはカラオケでガンガン歌ってから本番ということもあります。アンパンマンは朝から昼までの収録なので30年やっていて収録終わりに飲むようなことはなかったですが、別の場所ではよく飲みました。

とりわけ、ドキンちゃんの鶴ひろみさんはお酒が強かった。とても男前な飲み方で、かっこいい人でした。

ばいきんまんに関してはもう声帯がなじんで、最初の頃のように必死にやらなくてもちゃんとできるようになりました。

声楽であれば、たとえばソプラノだったらずっとソプラノをやっているから声帯が長持ちするのだという話を本職の人から聞いたことがあります。そういう意味で声優はいろんな声をやるので大変ですねとも言われました。手に豆ができてつぶれて固くなってみたいなことなのかわかりませんが、ばいきんまんで使うところが鍛えられたのでしょうか。

そんなふうに慣れてくる前に、ばいきんまんで歌わなければならないことになって往生してしまいました。こんなにつくった声でさらに音程をとれだなんて、無茶ぶりとしか言いようがありません。レコーディングのときは、

「すみません。4回だけがんばって歌いますから、いいとこだけつないでください」

とお願いしました。

しかし、そんなことを言っているそばで、山寺宏一君みたいな天才がいます。耳が良いし、天才で、そのうえ努力まですごいんですからかないません。いまや声優業界でトップスターである彼を犬（めいけんチーズ）として使っているのはうちの番組くらいです。

「中尾さん、今日も『アンアンッ』だけでしたよ。なんでパンはしゃべるのに犬は話さないんですかー」

なんて冗談を言い合っています。30年以上も毎週同じ日に顔を合わせていて、もはや家族のような付き合いになっています。

ちなみに、ばいきんまんの、

「ハヒフヘホ〜ッ！」

は、私のアドリブではありません。台本に「ハヒフヘホ」ってちゃんと書いてありました。まあ、台本に「ハヒフヘホ」って書いてあったら、どうしようかって思いますよね。それをああいう言い方にしようと考えたのは私ですが。洋画の吹き替えは生の役者に合わせるのが前提ですが、アニメにはひとつのセリフでもどういうふうに演じてやろうかな、という命を吹き込む作業があります。そういうのが面白いんです。

「出たなおじゃま虫」もアドリブのように伝えられているようですが、一緒です。基本的に台本にないアドリブはほとんどしません。

昔、広川太一郎さんは、とくに外国作品でどれだけアドリブを入れるかに命をかけていました。もともとの作品が単調すぎるので、吹き替えでなんとかしなくちゃいけないと音響さんと相談しながらやったのがきっかけだったようです。昔のアメリカのアニメなどは、口の閉じ開きを含め動きが少なかったですし、外国映画の吹き替えも以前はテレビで放送するだけでしたから、いろいろ工夫してやっている方もいました。ところが、いまはＤＶＤになったりする際、字幕版と吹き替えが両方入っていて「元のセリフと合っていない」ということで混乱もあるため、そういうことはほとんどなくなりました。千葉繁さんもアドリブ好きですね。アニメなんかでは「キャラクターが後ろを向いたときがチャンスだ」なんて言っていた時期もありました。

鶴ひろみ（つる・ひろみ）……『みゆき』（鹿島みゆき）、『ドラゴンボール』（ブルマ）、『きまぐれオレンジ☆ロード』（鮎川まどか）、『GS美神』（美神令子）、『それいけ！アンパンマン』（ドキンちゃん）など。

復活のフリーザ

ところで『おかあさんといっしょ』をはじめた頃、ちょうど息子が幼稚園だったので、まわりのお母さんたちからはウケがよかった。いまでこそ声優といえばなんとなくわかってもらえますが、当時は、平日の昼間にきたないジーパンはいてサンダルでぶらぶらしているところを目撃されてはへんな目で見られていました。息子も息子で、友だちのお母さんに「お父さんなにをやってるの？」と聞かれると、

「うん、うちでアニメとか映画を観てるよ」

とか言ってしまう。――やめてやめて、その説明、合ってるけど、遊んでいるみたいだから。ほんとは仕事だから――自分の仕事を子どもたちにちゃんと説明したことはありませんが、

「遊んでるみたいなもんよ」

と妻にトドメを刺されてしまいました。

親父が声の仕事をしていると息子が理解しはじめたのは『ドラゴンボール』の頃だったと思います。

1988年にタンバリンの役をやることになったときには、

「あれ、すぐ死んじゃうよ」

とネタバレされ、フリーザのときは、

「強いよ」

目が輝いて、はじめて尊敬されました。

ちなみに、その後、息子が大きくなってから芝居が好きで仲間と一緒にやっていることをだいぶあとになるまで知りませんでした。そういうのをまともに話したことがなかったん

ですね。知ってからもとくにお互いどうだという話はしていません。私は賛成も反対もありませんが、ただ大変だろうな、と。息子も私に何か頼るわけでもありません。そのへんもなんとなく似たのかなと思います。彼は現在違う仕事に就いていますが、まあ、きっと声がかかればどこかで顔を出すんだろうな、という気もしています。芝居好きの気持ちは私自身がよく知っていることですから。舞台では2度ほど、ドラマティック・カンパニーの公演に呼んで共演したことがあります。とても照れくさかったですが、同じ舞台に立つというのもなかなかない貴重な体験でした。

話はそれましたが、フリーザは演じていてとても楽しいですね。悪役とかひんまがった性格のキャラはやりがいがあります。そしてフリーザもご存知の通り、長い付き合いとなったキャラクターです。

いまは作品数だけで見ればピークともいえるくらい多くつくられていますが、深夜で1クールのアニメがほとんどです。80年代のアニメは長く続くものが多かったですし、放送時間も夕方やゴールデンという時代でした。

息の長い作品や、当たり役というのは、本当にありがたいものです。

若いときに『ドラゴンボール』を見ていた少年が、いまは制作に携わっていて、

「フリーザ好きだったんで、一度お仕事したかったんですよ」

なんて言ってもらえると声優冥利に尽きます。ちなみに、その仕事はぜんぜんフリーザっぽくない声だったのですが、帰り際に「フリーザで笑ってもらえますか」とリクエストされたので、「ふっふっふっ」――喜んでもらえました。

フリーザは自分にとってもかなり特別なキャラクターで、もともと第1形態から第4形態と変化するため、口調も演技も4種類を使い分けています。

第1形態は嫌味な公家のように、第2形態は大きくなるのでごっついしゃべり方に、第3形態はバケモノのような外見ですから獣のように、第4形態はつるっとしたシンプルな姿、少年のようなピュアさを出しています。

そのほかにもフリーザの兄クウラ、フリーザによく似た戦士フロスト、フリーザの祖先チルドなど、フリーザ関連だけでもかなりのキャラを演じました。

フリーザが『ドラゴンボールZ』に登場したのは1990年。作中で悟空に倒されたものの、その後、ドラゴンボール関連のゲームが出るたびに声を当てたり、先程挙げたように派生キャラもやっていましたから、私としては途切れることなくずっとフリーザだった感覚でした。倒される運命の悪役が、こんなにも愛されるなんて、まさにみなさんの力でキャラとして長寿になったんだと思います。ほんとはセルとか、魔人ブウとかあとにも強い敵が出てくるのに、おかげさまでラスボス扱いです。

そして2015年にはおかげさまで大幅にパワーアップして復活（劇場版『ドラゴンボールZ 復活の「F」』）させていただきました。ロックバンドのマキシマム ザ ホルモンの楽曲「F」のおかげでありますし、もちろん鳥山明先生のおかげですし、やはりみなさんのおかげというほかありません。

キャラクターが育っていく

ところで、キャラクターというのは長い間演じていると、最初の頃とは変わってくるものです。ご長寿番組のキャラクターの多くも同様で、第1回放送を見るとその違いがよくわかります。これは変えているというか、なじんでくるというか、そのキャラのもつ特徴がだんだんデフォルメされていきます。これは演じている声優もそうですし、見ているファンの人たちにも同じように起こる現象のような気がします。

要するに、だんだんみんなが思っているフリーザがひとり歩きしてイメージがつくられていくといった感じでしょうか。
よくモノマネなんかでも誇張された部分がより特徴をとらえて共感されますし、セリフなども本家がやっていないこと、言っていないことをやって、それが広まったりすることもあります。
そうやってイメージが共有されていくのが人気キャラの宿命ですから、誇張されたり、ネタだったりしても、そこが求められているのではないかとも思います。ですから、あえて寄せていったり、自然とそうなることも多々あります。
お笑い芸人のBANBANBAN山本正剛くんはフリーザ（というか私）のモノマネをやってくれているのですが、そのネタで、
べっぴんさん、べっぴんさん、
ひとつ飛ばして
ドドリアさん！
というのがあります。もちろん、フリーザが言いそうにないセリフだから面白いのですが、こっちも影響を受けて、なるほど、これがフリーザというものかと妙に感心したりします（ネタごといただいちゃおうかな）。

よくこのキャラの名ゼリフをやってくださいと言われることもあるのですが、じつは私にはどれのことかわからないということが多いです。でも見てくださる人たちのなかでできあがって、それがフィードバックされて、キャラがどんどん育っていきます。

ですから、変な言い方ですが、初演のフリーザと千秋楽のフリーザはだいぶ変わっていて、よりフリーザになっている、ということです。

「ドラゴンボール」は世界的に人気のアニメですから、各国で放送されていますし、当然、現地で吹き替えがつくられています。世界中にいろんなフリーザがいるということで、このへんもとても面白いなと思うところです。

私も何人か「ご当地フリーザ」にお会いしたことがあります。フランスのフリーザは、私よりも10歳ほど年上でオペレッタをやっている俳優さんでした。アメリカではふたりお会いしました（制作局によって異なるため）。ひとりは男性で、ひとりはジャズシンガーの女性でした。解釈によってこういうキャスティングが起こりうるのも面白いところです。

洋画の吹き替え

洋画（外画）の吹き替えの仕事は最初の声優ブームをつくったきっかけですし、私もいくつかやらせていただいていますが、あまり多くはない方です。

中学生のときに『宇宙パトロールホッパ』の主役をやっていたちょうどその頃に、同じくレギュラーで『わが家はいっぱい』というドラマの吹き替えをやらせてもらったのを覚えていますが、印象が強いのは『新スパイ大作戦』（1988年）に出演できたことです。ニコラス・ブラックという変装の名人でした。もちろん前作も好きでしたし、なにより若山弦蔵さん（ジム・フェルプス）と仕事ができるということで、決まったときはとてもうれしかった。テーマ曲も耳から離れません。トム・クルーズ主演の新しい劇場版シリーズでも、ショーン・ハリス演じる悪玉ソロモン・レーン役で出させていただいたものですから、とても縁を感じています。

洋画吹き替えで最近、これまでになかったオファーとして、昔テレビで放送したものを衛星放送などで、完全版として放送するということがあります。テレビ放映のときは放送時間の関係でよくシーンがところどころカットされていたりしますが、それをノーカットで放送するということです。

しかし、カットされたところのシーンはテレビ版では声の収録をしていません。それで何十年かぶりに新規で継ぎ足すのですが、なかにはもうお亡くなりになられているとか、引退されている演者の方もいらっしゃる。その場合、その部分だけ別の声優が当ててるのですが、私もそういう経験をしました。

『お熱いのがお好き』というビリー・ワイルダーの名作で、当時のジャック・レモンの声を当てていたのは愛川欽也《あいかわきんや》さん。まだご存命の頃でしたが、おそらくお仕事はできない状態だったのだと思います。それで私が当てることになったのですが、とても難しかった。だいたい自分のでも難しいこともあります。『新・刑事コロンボ』のノーカット版のときは、私自身が演じた役（犯人役イアン・ブキャナン）だったのですが、「中尾さん、20年前の声でお願いします」と言われて、改めて聞くと「若いなー」と。

洋画の吹き替えは俳優と吹き替え声優がセットのことがありますが、ゲイリー・オールドマンやロバート・デニーロのようなカメレオン俳優の場合は、作品ごとに声を当てる人も違ったりします。そして個人的にはそういう役者さんに注目しています。

ただ吹き替えする立場としては俳優とセットになれる「もち役」がほしかった。

81プロデュースでは関連会社としてアニメの音響制作、外画の音響制作をもっています。なぜこのふたつは別々なのかと言うと、アニメはアフレコするまでまったく音は入っていません。アフレコしたあとに音楽や効果音などを入れていく作業があります。外国映画の場合、すでに音響関係はぜんぶそろっているので、必要なのは日本語の声だけになります。つくり方が基本的に違うのです。また、吹き替えではオリジナルのセリフを聞きながら、同時に共演者の声も聞いていなくてはいけないので、片耳だけのレシーバーを使用します。

外画では、韓流ブームが起きて次々と韓国ドラマが日本で公開されましたが、その当時の吹き替えはとても違和感があったのを覚えています。こっちが下手なのか、むこうの役者が下手なのか悩みすらしました。

韓国語はしゃべり出し（語頭）を強く言う特徴があって、強く発語しているときは表情も強くなります。それを日本語のセリフに置き換えるとき、映像の表情に合わせると演技が合わない。日本語だと声を張るところではないけれど、表情に合わせないと不自然になるので、そこをできるだけナチュラルに見えるようにする。そういう調整が必要になりますが、韓流ドラマが押し寄せてきたときは、そもそも韓国語を翻訳する脚本家が育っていませんでした。いまはかなりレベルアップしましたが、当初はひどかった。意味はわかるけどセリフになっていないことまでありました。

それとアジア人は顔が似ているというのでも違和感があったようです。欧米人はもともと日本語を話したらどんな感じかという先入観やイメージをもっていないから、そんなものかと見ていられるのだけれど、日本人に近い顔、いってしまえば日本語をしゃべりそうな人におなじ感じで声を当てると、違和感がでてきてしまう。

よく言われたのが「声がよすぎる」。リアルにファンタジーがのっかっているみたいな居心地の悪さを感じてしまうようなのです。もちろん、観ている人の慣れもあるでしょう。ハリウッド映画だったら、小さい頃から吹き替えで観る機会が多かったでしょうから、それなりになじんでいるわけです。

脚本、顔、言語の抑揚と表情など、英語の吹き替えも業界が歴史とともにつくりあげたものです。いまも昔も特定の洋画は日本語の吹き替えも現地でチェックされるのですが、細かい指示を出してきて、それが無茶苦茶だとよく現場でもめました。むこうは言葉というより音で判断して、いろいろダメ出ししてくるのですが、それに従うと日本語としてはおかしくなってしまう。そういうことを以前の現場の人たちが戦ってくれていまがあるわけですが、正直、いまでも特定の外画はキャストごとにバラバラに録ったり、制約が多かったりでほかの現場とのギャップが結構あります。

いまはＤＶＤなどのパッケージ版には、英語字幕、日本語字幕、吹き替え、ぜんぶ入っている時代ですから、少し違うだけでもクレームがくるそうですが、昔は、洋画吹き替えといえばテレビだけでしたから、まず尺が違う。シーンをカットするのは当たり前、それで話を矛盾なくやろうとすると、カットした部分に言及したセリフもカット、逆になくなったシーンについてセリフで補うというようなこともありました。意訳なんかも当たり前、ＣＭ前に見せ場が来るように切っていくなど、ある意味制約のあるところでの工夫が仕事として面白かった時代でもあります。

ちなみに洋画吹き替えは、テレビでの洋画放送が衰退した頃はほとんどつくられていませんでした。劇場でも吹き替え版の上映は以前なら子ども向けのものくらいでしたが、いまはアクション大作シリーズとかですと、はじめから字幕と吹き替えの両方があるし、ＤＶＤを見越して先に吹き替えをつくることもあります。また、３Ｄや４Ｄなど字幕が向かないものもでてきました。さらにアマゾン・プライムやネットフリックス、フールーなどのネット配信が出てきてからは吹き替え版の数もかなり増加していますので、声の仕事は増えているでしょう。

　サミー・デイヴィス・ジュニアとかやりたいな。

ドラマティック・カンパニー

　81プロデュースがもともと新規事業を担当していた企画部門だったことはすでにお話ししました。みんなが意見を出し合った際に、私は「舞台をやりたい」と言っていました。

　そうして、はじまったのが81プロデュース公演。１９８１年から10年間ずっと毎年行ってきました。第1回はタイトルじゃないけど「中尾隆聖１２０分」と銘打っての開催。その後、フォー・イン・ワンをやっていた頃に知り合った青井陽治さんの関係で、１９８２年にできたシアターアプル（２００８年閉館）という劇場でなにかやりたいということになり、芝居好きな声優を集めたらお客も入るし、面白いんじゃないかという企画を立てたのです。

　演目は以前ラジオドラマでやった『飛べ！京浜ドラキュラ』をミュージカルにするというものです。

薔薇座の野沢那智さんが演出することが決まって、那智さんの呼びかけでいろんな声優に集まってもらおうとしたのですが、いろいろあって結局、薔薇座と81プロデュースだけでやることになりました。こうした試みは当時としては珍しかったと思います。その公演以来交流ができて、私も薔薇座に客演したりするようになりました。まだ、仕事が少ない時期で時間もあったので、この頃舞台経験をたくさん積ませてもらえたのは、本当にありがたかったです。

81プロデュースの立ち上げ当時は、きっと社長もかなりご苦労があったと思いますが、私たち役者はある意味好きなことをやらせていただきました。

しかし、ほとんどの芝居は儲かりません。一方で、事務所はどんどん拡大していくし、81プロデュース公演も10年経ったということでひとくぎりということになりました。ところが、関俊彦が「もうやらないんですか」と寂しそうに言ってきたので、「じゃあやろうか」と（私も寂しかったのです）。社長には「またやりたいのでお名前だけお借りします」と言って有志だけで劇団をつくりました。

そうして1992年に「81ドラマティック・カンパニー」を立ちあげ、翌1993年初公演。旗揚げ公演はニール・サイモンの「ビロクシー・ブルース」、第2回は今井《いまい》雅之《まさゆき》さんの戯曲「ザ・ウインズ・オブ・ゴッド」。このあとこの芝居は他劇団に上演許可が出なくなりましたから、このときの公演は貴重なものとなりました。

ところが、旗揚げから数年後のある年の公演で吊り物の舞台装置が落下してしまうという大きな事故が起きてしまいました。さいわい怪我人は出なかったのですが、もし誰かにぶつかれば即死、ひとつ間違えば大惨事というところでした。

劇団は事務所とは別に役者たちが勝手にやっていたのですが、「81」の名前が付いている以上、事務所や社長に大迷惑どころではない事態になってしまう。だから、名前をお返しした。社長には「なんでだよ」と言われましたが、これからも続けるけれど、事務所とは一切関係はない、何かあればそれはぜんぶ私の責任としてきちんと切り離してください、もし続けていくうちにいい評価を受けたら「うちのものが関わってます」くらいに言ってくだされば結構ですから……と。

そうして２０００年からは「ドラマティック・カンパニー」と改名して、２０１７年には25周年を迎えることができました。劇団は私と関俊彦を中心に81所属声優も在籍していますが、いまは研修生というかたちで毎年募集して、そこから正式に劇団員になったメンバーも活躍しています。

なぜ芝居をやるのか

芝居というのは基本的に儲かりません。いまでも舞台が千秋楽を迎えると、たくさんの請求書が届くので、

「捜さないでください」

と置き手紙をして消えたい気分になります。

舞台役者が兼業しながらいつしか声優と認知されるようになったという経緯はお話ししたとおりですが、いまは声優を目指して声優になった人たちが舞台に出ることや、自分たちで舞台をつくったりすることは珍しくありません。

養成所では舞台でも踊りでも演技に役立つことならなんでもやります。ただ、芝居への向き合い方が違う人とは一緒にやりたくはありません。本職でやっている方に迷惑をかけてしまう。

声優が本業でもいいんですが、「その日はNGだから」などといって、通し稽古に人がそろわない、ゲネプロにいないなんて、舞台の人からすれば考えられないことです。

本番前の1週間がいちばん仕事をあけなきゃいけないし、「声優がなんで芝居やるんだよ」と言われていた時代には、私はどうしてもやりたいから、スタッフ、舞台監督さんから演出、照明、音響みんなに何度も頭を下げてやらせていただきました。お客さんもそれなりに入り、好評をいただき、やっと「あいつらもがんばっているんだ」とスタッフさんも見方を変えてくれるようになっていったのです。作品と向き合うということはどこの現場であっても変わらないし、情熱をもって取り組めないんだったらやらないほうがいい。

私自身は声優の仕事でも舞台でも、ただただ演じているのが楽しい。1週間前に台本をもらう声優とは違って、舞台は何か月も稽古や役づくりをしますし、ずっと芝居に向き合っていられます。これればかりはお金に代えられない貴重な時間です。

お客さんにしても、芝居に限らず好き嫌いというのはあるでしょう。難解で哲学的な芝居が好きという人もいれば、アクション入り乱れる派手な演出が好きという人もいるでしょう。

オーディションの項でもふれましたが、芝居というのは万人が見て明確な正解というものはありません。

「11人目を探すんだ」

ということも声優養成所では話していますが、オーディションで審査員が10人いたとしたら、10人にウケようと思わないで、自分の演技がよいと思ってくれるであろうたったひとり——11人目——のためにやれということです。そしてその11人目がいることを信じること、見つけることです。

関西の小劇団「激富《げきとん》」を率いているフランキー仲村さんに出会ったのは2011年頃でした。その頃、大阪には月に一度は訪れて弁天町で飲んでいました。そこで面白いやつがいると紹介されたのです（いまでは「大阪隆聖会」というのができて、私が大阪に行くと、役者仲間が集まって飲むようになっています。それがとても楽しい）。

フランキーさんの出身劇団は派手で大掛かり、いまではスターやアイドルをバンバン起用したり、アトラクションのような舞台をやっています。そこを離れて旗揚げしたのですが、やはりそういったものを目指していたのでしょう。

（違う。私の考えとはぜんぜん違う）

と思いました。誰にも彼にも気に入ってもらえるような芝居というのは私の舞台の考えとは違う。すると彼は、

「じゃあ、なんのために芝居やってるんですか？」

どうやらメジャーになりたいということでフランキーさんもちょうど悩んでいたようなのです。

「大勢に好かれようとしてそれで苦しくなるくらいなら、たったひとりのためにやったほうがいい。それができないならやめちまえよ！」

と言ったら「……ありがとうございました」と、最後には礼まで言われてしまいました。そんな縁があって激富とドラマティック・カンパニーの芝居で一緒にやったり、私も客演などをやらせてもらうようになりました。

ビジネス云々は置いておくならば、芝居に対する矜持は、私のなかではずっと変わっていないのかもしれません。とことん役者馬鹿なのだと思います。

ちなみに、フランキーさんとのやりとりではこんなこともありました。

「どうやったらそんな中尾さんみたいな境地になれるんですか。俺、モテたいんスよ」

なるほど、モテたい、人気者になってちやほやされたい、というのは表現の世界にいる人間だったら誰しも少なからず思うところでしょう。私も「うまいと言わせたい」とずっと人の目を気にしていましたから、

「50になったらわかるよ」

彼がまだ40代だったのでそう答えました。

「そして、モテるよ」

と、耳元でささやきます。

「えっほんとですか」

「うむ。それを楽しみにがんばりな」

その後、彼が50になってから、

「あのときの話、ウソじゃないですよね」

「うむ。60になったらモテるよ」

最後のワンピース

「お客様は神様です」というフレーズが有名な歌手の三波春夫《みなみはるお》さんのご子息である三波豊和《みなみとよかず》さんが、ＮＨＫの人形劇『紅孔雀』『プリンプリン物語』などで、いっとき声優の仕事をやっていて、その縁でラジオ番組にゲストで来てもらったり、イベントで一緒になったりして、プライベートでもよくつるむようになりました。もう30年近い付き合いになります。

私たちは彼のことを「神様ジュニア」なんて茶化すように呼んでいました。お父様は大スターであるのはもちろん知っていましたが、私は演歌などにはまったく興味がありませんでした。コマ劇場などで1幕は芝居、2幕は歌謡ショーというようなステージを1〜2か月もやっていて、バスツアーのおじさんおばさんたちがお弁当を食べながら見ているような世界です。田舎の人や高齢者が楽しむようなダサくて古くさいものだとバカにするような目で見ていたのです。若いときってそういうことありますよね。

一度、彼の自宅に遊びに行ったことがあるのですが、ゴルフ場の敷地みたいな大豪邸で、でっかいプールやら檜の稽古場まであって、家の端から端まで信号が2回もある。

「うわ、すげーな」

なんて、若い頃でしたからみんなはしゃいで遊んでいたのですが、そんな行儀の悪いガキンチョどもにもお母様は、

「いつも豊和がお世話になってます」

と、とても上品で丁寧に対応してくれました。ちなみに、このときメロンをいただいたのですが、なんと半分に切ったものが一人ひとりに出されて、どうやって食べるんだろうと驚きました。後にも先にもそんな切り方は見たことありません。

そのときはお父様がご不在だったので、別の機会にお礼をかねてご挨拶しなくてはいけないなと思っていました。

その後、名古屋で仕事があったとき、ちょうど三波春夫さんも公演中だったので、ご挨拶にうかがいました。

「わざわざご丁寧に。よかったらこのあと舞台を見ていってください」

とすすめられたのですが、興味ないし見たくないないなと思ったのが正直なところです。嫌々客席に向かうと、おじさんおばさんで超満員。ステージがはじまるとみんな正座しながらも前のめりに身を乗り出して夢中になっている。想像以上の盛り上がりと熱気に度肝を抜かれてしまいました。

そんな光景を目の当たりにして、自分にこんなことができるのか、こんなステージに立てるのか……。好きとか嫌いとか、ダサいだとかえらそうに言っていた自分が小さく思えて恥ずかしくなってしまいました。

「申し訳ありませんでした」

と頭を下げて帰ったのを覚えています。

「うまくなって、すごい芝居をやってあっといわせたい」

そんな上から目線でやってきた自分がなんておこがましいんだろうと感じたひとつのエピソードです。舞台でも映画でもアニメでもなんでも、表現に関わる人間は、視聴者や観客あってのものです。たとえそれがひとりであってもいい、その人のためにやる、そうでなきゃただのひとりよがりです。

声優の仕事でも「生放送」が好きだと言いましたが、それはやっぱりお客さんがその場にいるということが大きな理由です。

役者仲間と飲んでいるとき、私がよくする話があります。

それは、「役者はみんなピースをもって現場や稽古場にやってくる」というもの。

声優を含め、役者というものは作品のなかにおいてはひとつのピースにすぎません。そして、そのピースにはいろんな個性のかたちがあります。演出家や音響監督さんはそのピースをジグソーパズルのように合わせていく作業を見ています。そしてさまざまなかたちのピース同士が芝居を通じてパチンと合う瞬間があるんです。それがハマったときの気分は最高です。その感覚を大事にして、また次の現場にもってくる、そういうことだと考えています。

ひとりの役者にしても、経験や技術、感性などいろいろなピースを合わせて芝居をしているといえるでしょう。私なんかはへたくそだから、幼児用のおっきくて単純なピースかもしれません。上手な役者さんの芝居を観ると、

「すごいな、この人はどれだけ細かいピースを合わせてこの人物をつくりあげているんだろう」

と思ったりもします。

でも、どうしても足りないピースが必ずあります。

「そのピースを見つけたくて、みんな芝居を続けているんだよ」

若い役者なんかにはそう言っています。

「それってなんですか？」

「それはお客さんがもってくるピースだよ」

その最後のワンピースがスパーンッとハマる瞬間がどんな作品にもある。

すごいお金をかけた作品だからとか、人気者だからとかは関係なく、どこにでもある。

「それを探してる」

私が役者が好きで、いまも続けている理由です。

いいとか悪いとかじゃありません、一度味わうとやめられない。それだけです。

声優はいつ引退するのか

いまいちばんの悩みはいつ声優を引退するかということです。

そういうと驚かれることもあります。実際、大先輩のマコさん（野沢雅子）なんかまだまだバリバリやっていますし、声優には引退がないかのように思われている人もいます。

しかし、（マコさんのような衰え知らずの人はいざ知らず）声のみでやっていますから、実際に衰えが出ればすぐにわかってしまいます。

たとえば唇の音、アニメでは「リップノイズ」と呼んで入らないようにします。ふだんは気にならないようなものでも、マイクを通して映像にのっけるととても気になるのです。実写ではそんなことはしません。自然な音のわけですから、排除しすぎるとかえって気味悪くなります。アニメの声はいわば生歌に対するCD音源のようなものでとてもクリアです。だから、いろいろとごまかしがきかないわけです。

じつは声優引退については50代くらいから漠然と考えていて、60歳になったら舞台だけをやっていこうと考えていました。舞台はライブですから、ずるい言い方をすれば生身をさらしているので、たとえろれっていたってそういうのが味になることはあります。だけど、もう60歳は過ぎてしまいました。

『それいけ！アンパンマン』は山田悦司《やまだえつじ》さんという方がはじめの音響監督さんでした。1996年に亡くなりましたが、そのあとをご子息の山田知明《やまだちあき》さんが継いでいます。

山田悦司さんがお亡くなりになる前、キャストたちと病院にお見舞いに行ったのですが、その際に、冗談めかしておっしゃっていました。

「なかなかないですよ。アンパンマンのように自分でぜんぶキャストを決められたのは」

多くの場合、プロデューサーや、制作会社とかいろいろな兼ね合いがあって決まるものですから、特別な作品ということでした。

「そうなんですか、じゃあ、やめられないですねー」

こちらも軽口のように答えていました。

でもその後、思い起こしてみると、遺言ではありませんが「頼むよ」って言われたように感じてしまいます。

アンパンマンは30年を超えました。息子さんに引き継がれた現在でも「録音監督　山田悦司／山田知明」とクレジットされています。音楽を手がけられた故・いずみたくさんも同じです。やなせたかし先生も亡くなりましたが、そうやってつくりあげた人たちも大事にされて、受け継がれています。

せっかくそういう作品に携わってきたのだから、自分の都合でぼちぼちやめますよとは言えないですよね。そうこうして「60歳引退」という目標も通り過ぎてしまったのです。

繰り返しますが、声優の仕事は滑舌が悪くなってしゃべれなくなったらおしまいです。まわりは「生涯現役で」なんて言ってくれているけど、冗談じゃありません。

「じゃあほんとに俺が『なぎゃをりゅうへえれす』とかしか言えなくなっても使ってくれるの？」ってことです。本人の前では言わないけれど「中尾はもうだめだね」なんて陰で言われるんだったら、そうなる前に自分でやめたい。現場で老害になりたくない。作品を見てくれている人たちにも申し訳ない。

しゃべらなくても演技のできる声優という究極の存在になれれば別ですが……あるわけないですよね。

悩ましいのは「もう無理ですよ」って誰も言ってくれないことです。遠慮はいらないから、ダメだったら言ってね、と伝えたところで無理でしょう。社長だって、

「なに言ってるんだ、まだいけるぞ」

きっとそう言うでしょう。励ますつもりで言ってくれるのだと思うけれど、ダメなものはダメなんです。だからそのときは自分で決めるしかない。

それでも使っていただいている間はがんばろうという気持ちでいまはやっています。アンパンマンはまだ続いているし、フリーザも蘇ったし。そういうものをやらせていただけるうちは1年でもできるだけ長くやってやろうと思います。

おわりに

日本のアニメが海外でも大人気だというのは、もはや誰もが知るところで、海外のアニメファンが作品を通じて日本そのものや日本文化に興味をもったりという現象が起き、本当にすごい時代になったなと感じます。

国際声優育成協会というところが主催している「声優魂」というコンテストがありますが、81プロデュースも関わっていることもあり、私もゲストで招かれたことがあります。「国際」とあるように、コンテストには世界中の声優志望者がエントリーすることが可能ですし、大会自体が海外で開催されることもあります。中国でのコンテストでは、人口がそもそも多いというのもありますが、数万人単位でエントリーしてきます。

コンテストは歌もセリフも日本語で、アニメで覚えたという出演者たちはみんなものすごく達者で驚かされます（通常の会話はやっぱりカタコトではありましたが）。私なんかたくさんの洋画を観ていますが英語なんかさっぱりです。

人は好きで夢中になれるとすごいパワーを発揮するものだと改めて感じます。

養成所にもロシアから来たという人がいました。もしかすると、この子がデビューして、洋画でもアニメでもロシア人の役を担当して日本語で声を当てるなんてことが起きるかもしれません。そんな未来を想像していると、これまで自分が歩んできた道が大きく広がっていくような面白さを感じます。

私は、芝居をすることが好きで、ただひたすらにやってきました。その道程で多くの素晴らしい出会いがありました。声を当てるキャラクターたちとの出会いも重要なものです。事務所のスタッフ、現場の仲間、そしてキャラクターたちに支えられたからこそ、声優としての人生を歩み続けてこられたのだと思います。

「うまくやろうとするな」

声優志望の人たちには改めて言いたいです。本書をお読みいただいたあとには、ここに多くの意味があることがわかっていただけると思います。実直に自分を見てくれている人を信じて、そして自分自身を信じてこだわってほしい。

そして、制作スタッフもマネージャーも、作品にこだわって、演技にこだわって、白熱した議論を交わせる業界であってほしいと願っています。

この声優業界が、これから目指すみなさんの想いでより良くなり、ますます発展して、進化していくことを望んでいます。

いつか、プロの世界でお会いしましょう。

イースト新書Q

Q058

声優《せいゆう》という生《い》き方《かた》

中尾隆聖《なかおりゅうせい》

2019年5月20日　初版第1刷発行

編集協力　百田英生(株式会社81プロデュース)
校正　内田 翔
DTP　松井和彌
編集・発行人　北畠夏影
発行所　株式会社イースト・プレス
東京都千代田区神田神保町2-4-7
久月神田ビル　〒101-0051
tel.03-5213-4700　fax.03-5213-4701
http://www.eastpress.co.jp/
ブックデザイン　福田和雄(FUKUDA DESIGN)
印刷所　中央精版印刷株式会社

ISBN978-4-7816-8058-3